AF548056

RENAISSANCE Verlag Marburg

HELGA MARIA VOLKNER

MIT OFFENEN AUGEN DURCHS LEBEN

RENAISSANCE-VERLAG MARBURG

Bibliographische Information der Deutschen Nationalbibliothek
Die Deutsche Nationalbibliothek verzeichnet diese Publikation in der Deutschen Nationalbiographie; detaillierte bibliographische Daten sind im Internet über http://dnb.d-nb.de abrufbar.

© 2014 by RENAISSANCE-VERLAG MARBURG
solmser str. 21 * 35578 wetzlar
info@renaissance-verlag.de
www.renaissance-verlag.de
redaktion: carsten s. leimbach (m.a.)
lektorat: tanja simonsen
umschlaggestaltung: lla & ppn-design
bildmotiv: helga maria volkner
made in germany
ISBN: 978-3-939442-96-7

Inhalt

So bin ich, ungeschminkt und barfuss

„Schmunzel - Analyse meiner Anatomie“

Meine Lesegewohnheit in einem Flieger ist anders als daheim.
Um die Flugzeit zum Ziel zu verkürzen, lese ich alles, was mir geboten wird. Im Alltag interessiert es mich wenig, wie der Dax an der Börse steht, wie viele Fische irgendwo gelaicht haben, wer im Bratwurstessen Sieger wurde und dann tot umfiel, ob George Clooney seine Krawatte mit der rechten oder linken Hand bindet, wann Queen Elisabeth ihren alljährlichen Schnupfen nimmt. Hauptsache ist, dass die Flugzeit in den engen Sitzreihen schnell vergeht. Wenn ich dann noch mein Essbrett aufgeklappt habe und dies bei meiner Größe von 159 Zentimetern unter meinem Kinn landet, brauche ich mich nicht anzuschnallen, ein Rausfallen ist nicht möglich. Nachdem ich mein gummiartiges Baguette mit Pute oder Käse runtergewürgt und mit Tomatensaft schneller zum Magen befördert hatte, nahm ich das Modemagazin, sah die wunderschönen Models, von den Haarspitzen bis zum großen Zeh – ein Traum -. Ich ärgerte mich, dass ich wieder gegessen hatte. Durch das enge Sitzen, lag mein Brötchen abgeknickt zwischen Speiseröhre und Mageneingang.
- Gut gelandet -. Die Heimat hat mich wieder. Das Modemagazin hatte ich mitgenommen. Beim Durchblättern der Seiten kam mir der Gedanke:“ Wie sehen die Damen morgens nach dem Aufstehen aus?“

Wenn ich morgens aufstehe und in den Spiegel blinzele, sehen mich zwei müde, ausdruckslose Augen an. Mein Gesicht ist blutleer, blass und weißlich. Ich frage mich: „Wo ist mein Blut geblieben?“
Ist es müde, bleich und ihm schwindelig geworden durch die tägliche Schwerstarbeit, beim Fließen, immer im Kreis, durch das kilometerweite Adern- und Venenflussbett meines Körpers, auch Kreislauf genannt?

Es muss fließen, sonst bin ich tot. Danke mein Blut.
Mit meinen Händen massiere, tätschle und kneife ich meine Wangen und siehe da, sie bekommen Farbe. Kaltes Wasser ist das Zaubermittel, ich klatsche es ins Gesicht und wenn dann noch ein Sonnenstrahl mein Gesicht streift, leuchten meine Augen bernsteinfarben und haben wieder ihre ursprüngliche Größe erreicht. Gefällt mir gut, eitel noch mit siebzig.
Meine Haare sind halblang, mittelgrau und weit entfernt von einer Asta-Nielsen-Komposition, die mir mein Friseur, welcher als Clark-Gable-Double hätte durchgehen können, aus Jugendtagen immer bescherte.
Meine Nase ist normal groß, nicht krumm und steht nicht vor.
Die Ohren, zwei an der Zahl, die wohl geformt sind, halten meine Brille und bei Bedarf einen Hut. Mein Mund ist eher klein. Ein Schmoll- oder Herzmund würde mir besser gefallen.
Mama hätte dazu gesagt:“ Wichtig ist, was herauskommt.“
In jungen Jahren hatte ich zwei Grübchen in den Wangen. Weiß der Himmel, wo die geblieben sind.
Habe auch ein Kinn, genauer gesagt, sind es zwei, dies’ gefällt mir gar nicht. Mein Doppelkinn kommt nicht vom vielen Essen, ist eher ein Produkt der Gravitation der Erde. Die Anziehungskraft hat sich mein Kinn ausgesucht. Es wird nicht vom Chirurgen wegretuschiert, gehört zu mir und meiner Identität. Geht es schief, habe ich Kinn Nummer drei. Hals und Dekolleté sind in Ordnung. Bei der Verteilung der Bäuche hat sich der liebe Gott vertan oder es zu gut mit mir gemeint. Er gab mir zwei, einen in Reserve. Na ja, besser als keiner.
Mein Äquator, so nenne ich seit längerem meine Taille, sie hatte einmal die Form einer Eieruhr, gleicht heute etwas abgerundet eher dem unserer Mutter Erde.

Meine Hände sind schmal, fein gegliedert, könnten schöner sein, würden sie nicht ständig im Wasser pantschen. Ich spüle gern. Wäre ich zu früheren Zeiten als Tellerwäscherin nach New York gegangen, gäbe es heute eine Millionärin in der Familie.
Gern hätte ich die langen Beine eines Massai-Kriegers, sollte nicht sein. Muss mich selbst zur Vernunft bringen; denn sie haben mich bis heute gut getragen.
Von alters her gelten doch immer noch die Worte:“ Schönheit liegt im Auge des Betrachters. Gut so, sonst würde es Mord und Totschlag geben, alle fliegen auf ein Objekt.
Nach all meinen Überlegungen über Schönheitsideale kam mir die Idee, mich selbst einmal zu vermessen, wie sich meine 159 Zentimeter Anatomie verteilen.
Dabei musste mir Freddy helfen. Mit einem Maßband bewaffnet ging ich zu ihm. Mein Vorhaben machte ihn fassungslos. Aber er spielte mit.
Von der höchsten Stelle des Kopfes, dort, wo ehemals die Fontanelle, die Lücke im Schädel war, bis zum Kinn, ohne Doppelkinn, sind es 22 cm, mein Hals hat eine Länge von 9 cm, kein Schwanenhals, mein Torso misst 53 cm, der Rest, der übrig blieb, sind meine Beine mit einer „stolzen“ Länge von 75 cm. Es gab Unstimmigkeiten bei der Beine-Vermessung, ich sagte, die Beine fangen an der Hüfte an, Freddy wollte sie vom Oberschenkel am Sperrbezirk bis zu den Füßen messen. So kurzbeinig zu sein, nahm ich nicht hin.
Um meine Beine, wenigstens auf dem Papier, länger erscheinen zu lassen, zog ich vom Rumpf ein paar Zentimeter ab und gab diese den Beinen dazu. So kam ich exakt auf mein „Gardemaß“ von 159 Zentimetern.
Ich hatte doch nur diese Kleinigkeiten umgeschichtet. Man muss sich nur zu helfen wissen.

Am besten gefallen mir meine Füße. Oft höre ich an Sommertagen: „Hast Du schöne Füße." Schmal und sehnig, nicht riesig, bereiten sie mir keine Probleme. So kann ich auch Schuhe für fünf Euro tragen. Sieht chic aus.
Wenn ich auch nicht zu den Schönen des Landes gehöre, tröste ich mich mit den Worten: „Schönheit kommt von innen". Doch morgens bin ich immer vor ihr wach. Ein bisschen Maske und dann geht's.
Neulich sagte Freddy: „Du siehst gut aus, doch wenn Du freundlich bist und lächelst, bist Du schön." Ganz schön weise ist er.
Also lächle ich, kostet doch nichts. Jetzt weiß ich, wie Schönheit von innen kommt.
Zuviel äußere Schönheit kann auch langweilig sein. Wie tröstlich!

***

Auch Tanten sind nur Menschen

(allen lieben Tanten gewidmet)

Zusätzlich zu Mamas guten Ratschlägen, worauf ich achten sollte bei der Suche nach einem guten Ehemann, mischten auch meine zwei kinderlosen Tanten Berta und Gertrud ganz erheblich mit. Alle wollten ja immer nur das Beste für mich.

Nicht nur Mama wollte meine Bekannten kennenlernen, nein, auch meine Tanten sagten immer wieder: „Stell' uns doch mal den jungen Mann vor!"
War ich der Meinung, es könnte etwas Ernstes werden, folgte ich der Einladung der Tanten, welche dann ja auch beide anwesend waren.

Manchmal kam es einer Inquisition sehr nahe; denn ich kannte ja schon ihre Blicke sehr genau – ja oder nein. Sie musterten den jungen Mann so sehr, als ginge es hier wie beim Pferdekauf darum, möglichst den besten Gaul für mich zu bekommen. War er zu groß, hörte ich später: „Meine Liebe, das wird teuer, denke einmal darüber nach, beim Kauf von Anzügen in Übergrößen und -längen oder beim Möbelkauf, ein Bett mit verstärktem Sprungrahmen, da kommt eine Menge an Geldausgaben auf euch zu."

Wenn einer zu große Hände hatte, kam ihr Kommentar: „Der kann gut zupacken", sie meinten damit ‚arbeiten'. Gegen große Hände hatten sie absolut keinen Einwand, das wäre optimal, meinten sie. Bloß keinen Sesselfurzer. Damals war mir diese Berufsbezeichnung völlig fremd.

Freddy, mein Mann, war in ihren Augen der Richtige. Kraftvolle Hände, mittelgroße Statur, sehr hilfsbereit und zuvorkommend. Ihren Luchsaugen entging nichts. Kurz vor unserer Entlassung aus ihrer Inspektions-Einladung bei Kaffee und Kuchen, kam dann immer noch die obligatorische Frage: „Können Sie unsere Nichte überhaupt ernähren, oder müssen Sie noch für Ihre Mutter oder sonst wen aufkommen?"

Wie peinlich waren mir oft ihre direkten Fragen, die für sich beanspruchten, alle Karten auf den Tisch zu legen. Auf diese Art und Weise bin ich manchen Verehrer losgeworden. Trotzdem: Dank an meine Tanten und vorrangig an meine besorgte Mama, die mich mit ihren 67 Jahren gut versorgt wissen wollte. Gott hab' sie alle selig.

Entschieden habe ich mich aber selbst und stelle fest, Freddy war und ist bis heute der Richtige.

Rein äußerlich waren meine Tanten Berta und Gertrud recht unterschiedlich. Tante Berta war die vornehme Witwe, immer auf Etikette bedacht, groß gewachsen, große blaue Augen, mittelblondes, naturgewelltes Haar. Ihr verstorbener Mann, eben mein Onkel Anton,

der Riese, wog zu Lebzeiten ganze drei Zentner, konnte als Polizeihauptwachtmeister aus meiner Sicht doch manchen Gesetzesbrecher zur Vernunft bringen. Ein Auto zu besitzen war damals (1955) eine Rarität. Onkel Anton fuhr Fahrrad mit verstärktem Rahmen. So kam auch die Besorgnis meiner Tante Berta um mich bei den Übergrößen zustande. Lag Onkel Anton im Bett und zwischen Kopfkissen und Oberbett lugte sein Kopf hervor, kam mir oft der Gedanke an meinen Biolehrer, der uns erzählte, dass wir Menschen von den Organen her einem Haustier sehr verwandt sind. Schon allein die Innereien könnten evtl. zu einer Transplantation genutzt werden.
Ich bin mir nicht sicher, ob ich damals zu so einer OP bereit gewesen wäre. Nicht auszudenken, die Auswirkungen wären auf meine Stimmbänder gegangen und ich hätte eine Grunzsprache. Eine Stimmbandlähmung nach einer OP hatte ich bereits hinter mir.

Tante Gertrud war das genaue Gegenteil von Tante Berta: klein, rundlich, nicht nur das Gesicht, trug sie doch ihr kräftiges schwarzes Haar zu einem dicken geflochtenen Zopf. Ihre dunklen Augen funkelten, wenn sie sprach. Sie konnte sehr energisch sein. Ihr Sternzeichen war der Widder. Sie war in ihren Aussagen oft sehr hellseherisch, so dass ich manchmal dachte, sie gäbe schon von ihrer Erscheinung her eine gute Wahrsagerin ab.
In Adelshäusern kannte die Tante sich sehr gut aus. Ihre Lieblingslektüre war die Regenbogenpresse. König Faruk und vor allem seine Gattin Nariman versetzten sie in Schwärmereien. Sie blickte mich dabei nachdenklich an und automatisch gab ich von mir: „Ich weiß, Tante Gertrud, ich bin eben nicht so schön und heiße auch nur Helga."
Irgendwann galt ihre Begeisterung nur noch Kaiserin Soraya und Farah Diba.

Zur Abschlussfeier meiner bestandenen Prüfung zur Bürokauffrau im Einzelhandel 1956 zeigten sie sich großzügig und kleideten mich ein. Mama und die Tanten standen vor der Umkleidekabine eines Modeladens, wie Posten eines Wachbataillons auf ein Ziel gerichtet, und das war ich.

Ich stand in der Kabine und traute mich nicht hinaus. Ohne ihren sonst sehr guten Charakter einzuschränken, war mir Tante Gertruds Naturell, alles zu sagen, was sie für die Wahrheit hielt, manchmal peinsam, selbst wenn ich Kaiserin Soraya gewesen wäre.

„Abscheulich dieses Ballonkleid, zieh das sofort aus, dein dürftiger Busen lässt das Oberteil schlabbern."

Mama hielt sich bescheiden zurück, kein Wunder, Bescheidenheit und Demut hatte sie fünf lange Jahre im Kloster erlernen müssen. Manchmal ging mir ihre Demut zu weit. Es tat mir weh, sie einmal sagen zu hören, als sie die Wohnung ihrer Schwester Berta betrat: „Ich bin's nur!"

Mit Tränen in den Augen sagte ich erbost: „Mama, du bist nicht ‚nur', du bist eine Persönlichkeit, nämlich meine Mutter."

Beide Tanten waren von übergroßer Reinlichkeit. Fiel doch beiden, mittlerweile über siebzigjährig, so manches im Haushalt schwer. So baten sie mich oft, ihnen behilflich zu sein. Um ehrlich zu sein, tat ich es nicht nur uneigennützig, wurde ich doch für meine Hilfe gut entlohnt. Sie hatten es ja.

Herbst und Winter waren nicht mehr weit, als Tante Berta mit der Bitte an mich herantrat, ihr zu helfen, die vom Kohlenhändler gelieferten und in ihren Kellerschacht entladenen Briketts fein säuberlich aufzuschichten. In ihrer Wohnung servierte sie mir zuvor leckere Birkenpilze. Als Fünfzehnjährige denkt man nicht lange nach, wenn etwas so gut schmeckt. Tante Berta hatte die Pilze beim Besuch am Grab ihres Mannes Anton auf dem großen Waldfriedhof selbst gepflückt und sie mir mit guter Butter zubereitet. Das Pilzgericht schmeckte mir vorzüglich. Plötzlich hielt ich inne und fragte sie, warum sie nicht mit mir essen würde? Nach langem Herumgedruckse, sie habe keinen Hunger oder Appetit, konnte sie meiner Hartnäckigkeit nicht mehr ausweichen und gab mir zu verstehen, dass sie nicht so gern Pilze vom Friedhof essen würde. Ich musste unwillkürlich an meinen gutgenährten Onkel Anton denken.

Mit etwas mulmigem Gefühl in der Magengrube bekam ich meine Kellerkleidung verpasst. Zwei Plastiktüten, mit denen ich meine Schuhe umhüllen sollte, einen langen, dunkelblauen Kittel, Marke Zeltplane, eine Duschhaube für meine Haare und einen Mundschutz. Mit den gleichen Sachen hüllte sich meine Tante ein. So gingen wir vom zweiten Stockwerk des Mietshauses in den Keller. Jede Begegnung mit anderen Hausbewohnern hätte unwillkürlich zu deren Kreislaufkollaps geführt, sahen wir doch eher aus wie außerirdische Wesen. Noch im Keller entledigten wir uns später der Kohlenkleidung.

Ein paar Tage später fuhr ich zu Tante Gertrud und half ich beim Einwachsen ihres großen Bettes. Damals beugte man mit Bohnerwachs evtl. auftauchenden, unliebsamen Bettgesellen vor. Hoch lebe das altbewährte Hausmittel.
Tante Gertrud war nicht gerade sparsam im Umgang mit Utensilien, die noch mehr Reinlichkeit garantierten. Es roch bestialisch nach Bohnerwachs.
Nach getaner Arbeit machte sie uns Tee und sang mir mit ihrer kräftigen Altstimme ihr Lieblingslied, die „ Barcarole“ aus „Hoffmanns Erzählungen“ vor. Dabei machte sie eine elegante Handbewegung und

legte ihren Zopf vorn auf ihre Schulter, um ihn dann ebenso vornehm wieder nach hinten gleiten zu lassen. Sie ging in dieser Rolle ganz auf. Eigentlich schade um dieses Naturtalent.
Als junges Mädchen konnte ich nicht glauben, dass man mit siebzig Lenzen noch so träumen kann. Heute weiß ich, dass ich mit meinen siebzig Jahren noch so schwärme wie vor fünfzig Jahren. Bei der Gesangsprobe sagte mir unser Chorleiter neulich: „Trällern Sie nicht wie die „Königin der Nacht."
„Was heißt hier *wie*, ich *bin* die Königin der Nacht aus Mozarts Zauberflöte", gab ich zurück. Gefühle altern einfach nicht.

Nur viel Erlebtes, auch aus Kriegstagen, ließ beide Tanten so sein, wie sie waren.
Als junges Mädchen dachte ich manchmal, sind die schrullig, sie waren aber immer lieb und besorgt um mich. Heute, mit siebzig Jahren, glaube ich, dass auch meine Kinder und Enkel gelegentlich die Augen verdrehen über mein manchmal komisches Verhalten. Doch gerade dieses Anderssein macht manchen Menschen doch erst liebenswert. Auch Tanten sind eben nur Menschen!

***

Mein Schnäppchenkauf

In jungen Jahren gehörte ich zu der Sorte Mensch, die jeden Schlussverkauf vom ersten Tag an nutzte. Meine Lehre beendete ich 1956. Papa war gerade verstorben und Mama bemühte sich, trotz kleiner Rente, mir doch so einige Wünsche zu erfüllen. Ein wenig Geld für Schlussverkäufe war immer drin.

Die Leute standen schon Stunden vor Einlass vor den Kaufhäusern. Ich natürlich mittendrin. Die ganze Sommerware musste raus. Wir stürmten bei Öffnung der Türen an die Wühltische, um ja das beste Stück zu erhaschen. Ich war als 17-jährige zwar kein Zwerg, hatte aber alle Mühe mit normaler Armlänge ans Ende des Wühltisches zu gelangen. So viele Arme auf einem Haufen habe ich noch nie gesehen, dachte ich.
Plötzlich hatte ich eine rosa, mit Biesen verzierte Seidenbluse fest im Griff. Meine Augen wurden immer größer, als ich in ihr die gleiche, wertvolle Bluse meiner Schwägerin Martha erkannte, die diese für sehr viel Geld erstanden hatte. Ich sah auf das Preisschild, einmal und noch einmal, und las 5 DM. Jetzt gab es für mich kein Halten mehr. Ich musste sie haben.
Ohne nach anderen Dingen zu sehen, lief ich zur Kasse und bezahlte. Auf meinem Weg über die Einkaufsmeile schaute ich mal rechts, mal links in Boutiquen hinein, fand aber für mich und meinen Geldbeutel nichts Passendes. Nun interessierte mich nur noch der Bus, der mich nach Hause bringen sollte. Als der Doppeldecker kam, stieg ich ein, die Treppe hinauf, setzte mich. Mir gegenüber saß eine vornehme Dame. Sie trug eine weiße Bluse mit Jabot zu ihren geordneten, silberweißen Haaren. Ich musterte ihre Bluse mit einem leichten Schmunzeln. Plötzlich bemerkte ich, dass die Dame etwas unsicher an ihrer Bluse hinunter sah, so als hätte ich gerade einen Fleck entdeckt. „Ist was?“, fragte sie mich und ihr Augenausdruck zeigte die Strenge einer Gouvernante?
„Sie haben eine bezaubernde Bluse an“, sagte ich und gerade gelang es mir noch, den Satz ‚meine ist schöner‘ abzubrechen. Sie verzog keine Miene und ich war froh, als sie beim nächsten Stopp ausstieg.

Meine Gedanken kreisten weiter und suchten in meinem Kleiderschrank nach einer passenden Hose oder einem Rock für mein süßes Oberteil. So

bemerkte ich nicht, dass ich der letzte Fahrgast war. Nicht einmal die Stille fiel mir auf, kein Gemurmel der Fahrgäste, nur die gewöhnlichen Fahrgeräusche und den Lärm der Straße nahm ich unbewusst wahr.
Ich ging die Stufen hinunter und sah einen völlig verschreckten Fahrer – vom Alter her nicht weit von seiner Rente entfernt – vor mir, der mich fragte: „Wo kommen Sie denn her?“
„Von oben, von oben!“, sagte ich etwas unsicher, als ich sah, dass ich im Depot gelandet war.
„Na, dann sehen Sie mal zu, wie Sie nach Hause kommen“, sagte er ziemlich gleichgültig. Ich nahm es ihm nicht übel, er hatte sicher eine anstrengende Schicht hinter sich und es war ja meine Dusseligkeit.

Etwas verspätet kam ich dann doch noch zu Hause an. Ich lief zu meiner Schwägerin, im gleichen Hause wohnend, deren Freundin Wilma gerade zu Besuch war, um meine Eroberung zu präsentieren und legte die Tüte auf den Tisch.
„Sieh’ nach!“ Plötzlich ein spitzer Schrei der Freundin und schreckliches Gelächter.
„Was gibt’s denn hier zu lachen?“, fragte ich etwas verwirrt.
Sie gaben mir die Bluse und mir fielen fast die Augen aus den Höhlen. In meiner Euphorie, diese Bluse zu besitzen, hatte ich übersehen, dass sie nur einen langen Ärmel hatte, der zweite bis auf knapp fünf Zentimeter weggeschnitten war. Einen Augenblick fassungslos, gab ich mich aber nicht geschlagen. Ich nahm das Wrack mit und trennte zu Hause den Ärmel und den Fetzen heraus. So, jetzt hatte ich eine ärmellose Bluse für den Sommer. Mit ein paar Nadelstichen säumte ich alles ein. Doch, oh Schreck, die Ärmelausschnitte waren riesengroß, die Oberarme eines Sumo-Ringers passten eineinhalbmal in jedes Loch. Jetzt wurde mir

auch klar, warum sich die anderen Frauen nicht um diese Bluse rissen. Warum habe ich nicht gleich die fünf DM ins Klo gespült?
Fazit: „Augen auf beim Blusen-Kauf."
All dies geschah nicht an einem Freitag, den dreizehnten, sondern einem Montag,
der ja auch oft für Unerfreuliches herhalten muss.

***

Dumm gelaufen

Helga stand vor dem riesigen Gebäude aus Glas, das zur ersten Adresse der Stadt gehörte. In jedem Baustein und jeder Stufe sah sie die Wichtigkeit des Hauses. Marmor und Glas bestimmten das äußere Ambiente. Ein Brunnen aus Stein gemauert mit großen Märchenfiguren aus Bronze stand vor dem Hauptportal. Nur durch eine schmale Anliegerstraße getrennt, von viel Grünfläche umgeben, ein Teich, auf dem Enten angesiedelt sind.
Hier nun sollte ihr zukünftiger Wirkungskreis sein. Immerhin war sie schon über vierzig und freute sich, dass sie mit ihrer Bewerbung Erfolg hatte und vor vielen anderen als Kassiererin in dieser großen Bank arbeiten durfte. Als sie am ersten Arbeitstag die Bank betrat, war sie gar nicht überrascht von der großen Eingangshalle und der geschmackvollen Einrichtung. Es war nur die Fortsetzung dessen, was sie schon draußen erahnte.
Der Kassenbereich war abgeschirmt durch hohe Glaswände, die auf edelholzgetäfeltem Unterbau angebracht waren. Eine Dame von der Rezeption fragte sie nach ihren Wünschen und geleitete sie zum Personalchef der Bank. Mit Herzlichkeit wurde sie aufgenommen, ihren Kolleginnen und Kollegen vorgestellt und in ihre Kasse geführt. Der

Umgang mit fremden Geld in dieser Größenordnung bereitete ihr keine Sorge und sicher fühlte sie sich auch.

Eines Tages trat der Chef an sie heran und fragte sie, ob sie eine Krankheitsvertretung in einer anderen Filiale machen würde. Sie sagte zu und als der Chef bemerkte, dass es auch dort gut mit ihr lief, bot man ihr immer öfter Kassenvertretungen in verschiedenen weiteren Filialen an. So war sie auch im ländlichen Umkreis im Einsatz. Eine Zweigstelle hatte es ihr besonders angetan und lag in der Nähe ihres Wohnortes. Sie hatte Glück und durfte in dieser kleinen Zweigstelle wiederholt eine dreiwöchige Urlaubsvertretung machen. Auch ein Zweigstellenleiter hat seinen Urlaub verdient. Eine Landstraße führte in den kleinen Ort zur Dienststelle. Schnell hatte sie einen kürzeren Weg an einem kleinen Wäldchen vorbei gefunden. Der Weg führte an Getreidefeldern vorbei, auf einer Weide standen Pferde, eine Lichtung mit einer Birkenallee, durch die morgens die Sonne blinzelte. Es stimmte Helga froh, sodass sie zu singen begann.
Kurz hinter dem Eingangsschild des Ortes Hollunderbusch in einem kleinen Einfamilienhaus war die Zweigstelle untergebracht. Liesel, ihre Kollegin, die den Zweigstellen-Leiter vertrat, war schon im Büro.
„Guten Morgen Liesel, ein schöner Tag heute.“, grüßte sie.
In ihrem Kassenbereich hingen zwei Ölbilder idyllischer Niederrhein-Landschaften. Diese anheimelnde Umgebung liebte sie. Die Kassenbox selbst war mit Panzerverglasung vom Kundenbereich getrennt, wenn man von der schmalen Durchreiche absah zur Bedienung der Kunden bei Ein- und Auszahlungen. Außerdem standen noch ein Panzerschrank und ein Schreibtisch dort, an dem sie ihrer Arbeit nachging, wenn kein Kunde im Schalterraum war.

Jeden Morgen gegen zehn Uhr fuhr Liesel in die nächst größere Zweigstelle, um die eingegangene Post abzuholen. So war Helga in dieser Zeit für einige Zeit allein. Sie wollte gerade ein Telefonat führen, als die Tür aufging und ein in schwarzem Leder gekleideter Mann den Kassenraum betrat, ein schwarzes Tuch verhüllte sein Gesicht und ließ nur die Augen frei. Als Kopfbedeckung trug er einen schwarzen Integral-Helm.

Durch den Kassenschlitz zielte er mit einer silbernen Pistole auf Helga, der der Hörer aus der Hand fiel, und sagte: „Geld raus!“

Das Geld lag zwar vor ihm sichtbar in den Fächern, aber eben für ihn nicht greifbar.

Helga schrie „Nein“, schützte ihren Kopf mit beiden Armen und machte einen Hechtsprung hinter den geöffneten Tresorschrank, von da ins Chefzimmer, in dem sich an einer Wand der Alarmknopf befand.

Sie drückte vor Angst so stark darauf, dass sie schon glaubte, an der Rückseite der Wand herauszukommen. Ein Polizeikommissar aus Wesel hatte den Alarm angenommen und rief sofort zurück. Er meldete sich mit Schimanowski und fragte nach dem Code, der bei Überfällen zu beantworten ist. Weiter fragte er: „Ist der Räuber noch im Raum?“

Auf dem Schreibtisch stand ein kleiner Monitor, der Bewegungen im Kundenbereich freigibt.

„Nichts zu sehen“, sagte Helga. „Vielleicht hat er sich geduckt.“

„Gehen Sie vorsichtig in Ihre Kassenbox, schließen Sie die Eingangstür, ziehen Sie alle Vorhänge zu und fassen Sie nichts an, wegen der Spurensicherung. Wir sind sofort da.“

In ihrer Aufregung sagte sie: „Beeilen Sie sich, Herr Schimanski!“, dabei hieß er doch Schimanowski.

Sie hörte ein leises Glucksen.

Der Räuber war tatsächlich geflohen.

Als Liesel zurückkam und die Zweigstelle verschlossen fand, die Vorhänge zugezogen, glaubte sie, Helga habe sich in der Zeit vertan und machte schon Mittagspause. Sie klopfte und sie öffnete ihr.

Sie konnte es nicht glauben und fragte zuerst: „Wie viel hast du denn rausgerückt?

„Nichts“, antwortete Helga, „ich bin abgehauen.“

Als die Kripo kam und alles aufgenommen hatte, musste Helga mit zum Präsidium, um Alben durchzusehen und den Täter zu identifizieren. Sie beschrieb diesen riesengroß, Charakterkopf, eben wie John Wayne. Ein Nachbar des Hauses neben der Bankfiliale, der während des Überfalls die Straße fegte, wurde befragt. Dieser sah einen kleinen, dicklichen Mann in schwarzer Kleidung die Kasse betreten. So hatte Helga in ihrer Angst aus einem Zwerg einen Riesen gemacht. Angst lässt scheinbar alles größer erscheinen.

Der Dieb wurde vierzehn Tage später nach einem Überfall in einer Bankfiliale einer Nachbargemeinde mit dem geraubten Geld in einem dichten Kornfeld gefasst. Befragt nach dem Überfall in Hollunderbusch, den er zugab, sagte er: „Weil ich dort nichts erbeutet habe, versuchte ich es hier erneut. Die ist doch einfach abgehauen.“

Ein Artikel erschien in der September-Zeitung 1998 mit der Überschrift: „DUMM GELAUFEN!“

***

Auch schlechte Luft muss man bezahlen

Es dämmerte, als Tante Gerti und ich aus Mallorca in Düsseldorf landeten. Mit uns stiegen mehrere Stammtisch- und Kegelbrüder aus. Wir suchten nach der S-Bahn, die uns nach Hause bringen sollte.

Inmitten einer grölenden und beschwipsten Menschenmeute, schoben wir uns und unseren Trolley dem Bahnsteig entgegen. Jeder wollte mit der einfahrenden Bahn mit. So waren die Wagen mit Menschen und Gepäck restlos überfüllt. Ich bekam in der Nähe der Tür eine Haltestange zu fassen, die ich, auch unter Strafandrohung, nicht wieder losgelassen hätte. Tante Gerti glaubte, aufgrund ihres Alters von dreiundachtzig Jahren und ihres Krückstocks, noch einen Platz zu finden und ließ sich von der Masse weiter durch den Wagon schieben.

Ein Gemisch aus Alkohol, Schweiß, Knoblauch, Nikotin und Essensresten in vergammelten Zähnen schwängerte die Luft. Bei meiner Größe von nur einem Meter und neunundfünfzig Zentimetern war ich fast auf Augenhöhe mit einem Riesenschnauzer über einem offen stehenden Mund, der mir seinen nach Fisch riechenden Atem entgegen blies.

Ich fühlte mich eingepfercht wie in einem Mastbetrieb für Qualitätsferkel. Jetzt hätte nur noch einer mit vollen Hosen neben mir stehen müssen und ich wäre ein Fall für die Intensivstation geworden. Im Geiste sah ich mich schon auf dem Friedhofsplan stehen; Reihe sechs, Grab vierundzwanzig.

Angewidert drehte ich mich zur Seite und vernahm ein leises „häpittepüh, häpittepüh“. Ein Kegelbruder, der noch eben stimmgewaltig sein „Oh, du wunderschöner deutscher Rhein“ schmetterte, war im Stehen eingeschlafen. Breite Männerrücken hinderten ihn am Umfallen.

An nachfolgenden Stopps stiegen immer mehr Leute zu, aber nur vereinzelte waren an ihrem Ziel angekommen. So wurde die Enge immer unerträglicher. Nach mehreren Stationen sah ich einen Kontrolleur und hörte ihn zu einem Mitreisenden sagen: „Ihre Fahrkarte, bitte!“

Siedend heiß lief es mir den Rücken hinunter und die Mallorca-Bräune verließ mein Gesicht, denn wir hatten kein Ticket gelöst. Noch ehe er mich ansprach, schrie ich durch den Wagen: „Tante Gerti, du hast unsere

Tickets, halte dich bereit.“ Ich hoffte, dass sie diesen Warnschrei verstanden hatte. Ich quatschte den Bediensteten mit Mallorca-Erlebtem so zu, dass er mit den Worten von mir ließ: „Ich komme gleich zurück, lassen sie sich etwas Besseres einfallen.“

Wie wollte er durch dieses Gewühl wieder zu mir gelangen? Sicher war ich mir nicht. Sein puterrotes Gesicht ließ auf eine Gereiztheit höchsten Grades schließen. Ich fühlte mich mies und sehnte mich nach Stille, Weite, Wind, der mir durchs Haar strich, einem warmen Sommerregen, nackten Füßen und Brüsten ohne lästigen BH, einem erfrischenden Radler, wohlriechenden Lavendelfeldern, Mozarts Kleiner Nachtmusik, meiner Rosen-Bettwäsche und jemandem, der mich kraulte. Diese geistigen Bilder waren für mich zu Kostbarkeiten geworden und da fragte mich dieser Mensch nach einer so unwichtigen Fahrkarte. Jetzt machte sich auch meine Blase stark bemerkbar. Ich war zum Notfall geworden. *Ein Königreich für ein Klosett*, ging mir durch den Kopf.

Die nächste Haltestelle „Im Eichenwäldchen“ war fast erreicht. Nervös zog ich an meinem Trolley, als ich ein schmerzhaftes „Au“ hörte. In Hektik war ich mit meinem Koffer, während sich die Tür öffnete, über den Fuß einer Dame gefahren. „Entschuldigung“, stammelte ich und verduftete mit einigen aussteigenden Leuten in der Dunkelheit.

Wo war Tante Gerti? Ich schaute mich um und atmete die frische Abendluft wie bei einem Lungenfunktionstest tief ein. Als ich aus geringer Entfernung meinen Namen hörte, erkannte ich ihre Stimme. Sie hatte den „Absprung“ mit einer leichten Blessur geschafft. Ihre Krücke blieb beim Ausstieg am Haltebügel hängen, wobei sie mit dem Kopf an die Tür stieß. Sie nahm es mit Humor, ganz konnte ich ihren Worten „Halb so schlimm“ nicht glauben, denn ihre ernsten Gesichtszüge verrieten es.

Nun standen wir, wie es heißt, in der Walachei. Ich kramte mein Handy heraus und was Wunder: Es war leer. Nicht allzu weit las ich „Tor II“. Es war ein Eingang zu einem Stahlwerk. Langsamen Schrittes – ich hatte ja Tante Gerti im Schlepp, die am Stock hinter mir her trabte – ging ich zur Pförtnerloge und fragte, ob ich telefonieren dürfte. Ohne viel Aufhebens reichte mir Herr Goldmann den Hörer. Höchste Zeit war es auch, nach einem Besucher-WC zu fragen.
„Rechts und die erste Tür links“, sagte er.
Aus Dankbarkeit schenkte ich ihm eines meiner Lieblings-Souvenirs aus Mallorca, ein Päckchen Turron, eine spanische Mandel-Spezialität.

Hannes wollte schon zur Tür hinaus, eine Vermisstenanzeige starten, als sein Telefon schrillte. Ich bat ihn, uns abzuholen.
Mein Erschöpfungszustand hielt ein paar Tage an. Keine zehn Pferde hätten mich aus dem Haus bekommen und zu einer Reise überreden können. Nach ein paar Wochen rief Tante Gerti an: „Wollen wir wieder los?“
Ich war bereit.

***

Die Großstadtpflanze und der Schwanenvater

Es war einmal eine Zeit, da konnte ich mir ein Leben nur in der Großstadt vorstellen. Am liebsten wäre ich auf das Dach eines großen Kaufhauses gezogen. Ganz nah am Geschehen. Ein Leben auf dem Land – undenkbar. Ich war durch und durch eine Großstadtpflanze mit viel Liebe für alles, was grünt und blüht. Zu meinen Lieblingstieren gehörten der Hund, die Katze und das Pferd, welches man in der Großstadt auch nur selten zu Gesicht bekam. Um andere Tiere heimischer Art

detailgetreu zu beschreiben oder gar zeichnen zu können, bedurfte es intensiveren Nachdenkens.
Es gibt ja auch eine Großstadtidylle, sagte ich mir und ließ es auf unserer Fensterbank im ersten Stock nach Herzenslust blühen. Nur beim Gießen der Blumen achtete ich darauf, dass kein Passant von mir geduscht wurde.
Dann kam Freddy und fünf Jahre später Belinda-Lee. Ungeahnt hatten wir sie kurz vor unserem Camping-Urlaub 1965, den wir in Italien verbringen wollten, noch in Duisburg gezeugt. Mit Bruder Helmut und Schwägerin Martha hatten wir unsere Camping-Ausrüstung mit allem Zubehör auf zwei Autos verteilt. Nach ein paar Stunden auf der Autobahn sagte ich zu Freddy: „Du, mir wird schlecht, ich muss brechen."
An einem Ausweichplatz hielten wir an und Freddy kramte aus dem Kofferraum eine Schüssel heraus, die eigentlich für Salat bestimmt war. Während der langen Fahrt bis zum Campingplatz in Italien hatte ich die Schüssel, die mehrfach zum Einsatz kam, auf meinem Schoß platziert.
Wenn man Venedig nicht gesehen hat, war man nicht in Italien, so hörte ich oft von Kollegen. Also machten wir einen Abstecher dorthin. Nach einer Gondelfahrt ergoss sich mein Mageninhalt auf dem Markusplatz.
Mein Bruder Helmut sagte nur zwei Worte: „Neun Monate." Freddy brauchte drei Worte: „Kann nicht, Luftveränderung!" Mein großes Interesse an sakralen und historischen Bauten wich und Gleichgültigkeit und Lustlosigkeit machten sich breit. Mein Augenmerk galt nur noch der Schüssel.

Zurück in Duisburg war mein erster Gang zu meinem Gynäkologen. Die Luftveränderung hieß später Belinda-Lee.
Jetzt waren wir zu dritt. Die City wurde mir zu eng. Langsam spross in meinen Gedanken der Wunsch nach Freiluftidylle und Weite. Eine kleine

Burg, nur uns gehörend, inmitten von Wiesen, Blumen mit Bächlein; ein Burgfried sollte auch dazugehören, auf den ich steigen wollte, um einen Rundblick über Stadt und Land zu genießen. Mit meinen Wunschträumen hatte ich bald Freddy angesteckt und so sagte er zu den ungewöhnlichsten Zeiten: „Kommt, ihr zwei, steigt ein, wir suchen uns unser Plätzchen, wo wir später leben und träumen möchten!"

So fuhren wir, wenn es die Zeit erlaubte, rund um Duisburg alles ab und kannten bald jeden Baum.

„Freddy, es wäre schön, wenn wir ein Häuschen hätten mit vielen Türen und Fenstern zu allen Seiten. Vorne Stadt, hinten Land, rechts ein lichtes Wäldchen und links eine Blumenwiese, soweit das Auge reicht, mit einem Bachlauf natürlich, über uns der Sternenhimmel und unter uns eine Goldmine, die niemals versiegen möge."

„Und du sitzt am Spinnrad und spinnst", lachte er und ein Zwinkern in seinen Augen ließ mich die Mehrdeutigkeit seiner Worte erkennen.

Freddy sah mir beim Kochen zu und hatte die Geduld eines Maikäfers. „Ich habe Hunger!" Diese drei Worte schallten durch den Raum und hatten mich in die Realität zurückgeholt. Belinda-Lee war aus der Schule gekommen.

Nach ein paar Jahren hatten wir geschafft, wovon wir träumten. Alles war etwas kleiner ausgefallen. Burgfried – gestrichen, Goldmine – gestrichen, Bachlauf – gestrichen, Blumenwiese – da, Wäldchen und See einen Steinwurf entfernt und ganz viel Himmel, den uns keiner nehmen konnte.

Wir hatten uns für die goldene Mitte zwischen Stadt und Land entschieden und alles richtig gemacht: Ein kleines Dorf war nun unsere Heimat, wohnen in der Großstadt war passé.

Neben Freddys Normalo-Auto konnte ich mir, trotz Hypotheken, noch einen kleinen, alten 500er Fiat leisten, durch den aus allen Ritzen der

Wind pfiff. Ein Autoradio wäre zwecklos gewesen, der Straßenlärm hatte die Stärke eines Presslufthammers. Es war eine andere Variante Auto, ein Cabrio mit Frischluft von allen Seiten. Mein handwerklich begabter Freddy lag mehr unter dem Auto, als es sich auf dem Beifahrersitz bequem zu machen und wenn wieder einmal Bekannte lästerten, was das für eine Schrottmühle sei, tröstete er mich mit den Worten: „Lass die nur reden, denen werden wir es zeigen", denn der Motor schnurrte wie eine Nähmaschine, sodass LKW-Fahrer humorvoll hupten, wenn ich auf der Autobahn an ihnen vorbeizog. Mein kleines, weißes Etwas auf vier Rädern hatte mich nie im Stich gelassen.

Meine Einkäufe erledigte ich weiter in der nahegelegenen Großstadt und traf in einem Supermarkt öfter einen Mann, der so gar nicht zu den anderen Menschen passte. Er interessierte mich so sehr, dass ich ihn ständig beobachtete. Er war alt, klein von Statur, trug dicke, derbe Wanderstiefel, einen alten Parka, seine Haare waren schütter und sein Gesicht faltig und von der Sonne gegerbt. So schien mir alles an ihm schäbig. Auffallend war auch sein aus einem alten Roller umgebauter Einkaufswagen, der ihm auch als Stütze diente und seinen schweren Stakkato-Gang etwas abfederte. An der Kasse angekommen, legte er fünf Toastbrote aufs Band. Sonst nichts. Regelmäßig, wenn ich ihn traf, war es der gleiche Einkauf. *Was macht der mit den vielen Broten, ohne Butter, Wurst oder Käse*, dachte ich.

Eines Tages verfolgte ich ihn über die Einkaufsstraße, ging an ihm vorbei, drehte mich um und grüßte ihn. Ich wollte nicht gleich vor lauter Neugier mit der Tür ins Haus fallen. Er schaute mich freundlich an, seine hellblauen Augen leuchteten so klar, sein Blick hatte eine unglaubliche Tiefe. Mein Inneres gab mir zu verstehen, dass Schönheit oft von innen kommt. Ich verlangsamte meine Schritte und lief neben ihm her. Es war

ihm nicht unangenehm. Ganz vorsichtig fragte ich ihn, was er mit den vielen Brote mache.
„Es ist für meine Freunde“, mehr sagte er nicht. Sein Schweigen gab mir zu verstehen, dass er allein sein wollte und so verabschiedete ich mich. Ich wünschte ihm noch einen schönen Tag und ging meiner Wege.
Bei meinen nächsten Einkäufen erwischte ich mich dabei, dass ich förmlich nach ihm suchte und ihn offenbar verfehlt hatte. Immer musste ich an diesen alten Mann denken. An einem Sommertag machte ich vor meinem Einkauf im Dorf einen Umweg um unseren nahegelegenen See. Eine Wiese führt zum Ufer hinab. Ich glaubte an eine Sinnestäuschung, doch es war Wirklichkeit. Am Wasser saß der Unbekannte, Schwäne hatten sich um ihn versammelt, schlugen aufgeregt mit ihren Flügeln um sich, um Rivalen vom Frühstückstisch zu verscheuchen. An einem Baum lehnte sein Einkaufsroller, aus dem er zwei Toastbrote herausgeholt hatte. Der alte Mann teilte das Toastbrot in Stücke und verteilte es gerecht unter den Schwänen, auch Blesshühner bekamen etwas ab. Ich schaute ihm lange zu und bemerkte, dass er auch einen Lieblingsschwan hatte. Jonathan nannte er ihn.
Leise sagte er zu mir: „Gehen Sie mal zur Seite, ich zeige Ihnen etwas.“
Ich gehorchte und entfernte mich ein Stück. Sein Lieblingsschwan kam ihm ganz nah, seine weißen Federarme hatte er dicht an seinen Schwanenkörper geschmiegt, senkte seinen Kopf demütig nach unten, beugte seinen geschmeidigen, langen Hals zur Seite und legte diesen einen Augenblick lang auf den Arm des alten Mannes. Dann nahm er vorsichtig das Brot, das ihm gereicht worden war, und schwamm davon. Und wieder sah ich das Leuchten in den Augen des Schwanenvaters, den ich ab jetzt so nannte.
Sobald es meine Zeit erlaubte, suchte ich immer öfter seine Nähe und die der Schwäne, und brachte von jedem Einkauf ein Toastbrot mit. Als wir

nach einem dreiwöchigen Urlaub zurück waren, machte ich Freddy den Vorschlag, zu einem Spaziergang um den See aufzubrechen. Ich wollte ihm die Stelle zeigen, wo ich den Schwanenvater zu treffen pflegte. Er war nicht da, die Stelle war verwaist. Weit und breit kein Schwan in Sicht. Ganz laut rief ich „Jonathan, Jonathan!“ Plötzlich kamen ein paar Schwäne und ein Schwarm Blesshühner. Flügelschlagend kam ein Schwan auf mich zu und zwickte mich ins Bein. War es Jonathan? Wollte er fragen, wo sein Freund geblieben war? Trauerte er um den Verlust?
Den Schwanenvater habe ich nie wieder gesehen. Da er schon alt war, vermute ich, dass er die Erde verlassen hatte. Denkbar ist, dass er im Himmel eine Sondergenehmigung zum Eintreten in den Tierhimmel beantragt hat und dort seine geliebten Tiere füttert. Obwohl er sehr wortkarg war, werde ich einen Satz von ihm nicht vergessen: „Wenn man die Menschen kennt, liebt man die Tiere.“
Hatte er zu viele Enttäuschungen erlebt? Ich weiß es nicht. Oft dachte ich über einen Nachfolger in der Zeitung per Inserat nach, mit der Überschrift: „Schwanenvater: ehrenhalber gesucht. Futter wird von mir übernommen.“ Aber dann hab ich es doch nicht gemacht.

Wohnen in der Großstadt ist für mich nicht mehr lebenswert. Die Beschaulichkeit und Ruhe am Rande der City und zugleich die schnelle Erreichbarkeit wichtiger Standorte hat für mich hohe Wertigkeit erhalten.
... und die Gans hat doch keine vier Beine ...

***

Fünf Jahre hinter Klostermauern sind genug

(Das schwere Leben meiner geliebten Mutter)

Idyllisch ist die Umgebung in der Marija als eines von vierzehn Kindern bei der Familie Kurzidem aufwächst und christlich erzogen wird. Sie ist ein stilles, schüchternes Mädchen mit großen, warmen Augen und schwarzen Haaren.

Abseits der oberschlesischen Gemeinde Pschow steht inmitten von weiten Feldern und vielen Obstbäumen ein Backsteinbau mit Fenstern in alle Himmelsrichtungen. Von schöner Aussicht wird die Großfamilie nicht satt. Armut schleicht wie ein Gespenst durch alle Räume des Hauses. Gähnende Leere herrscht in den Vorratskammern.

Neben der Landwirtschaft für den eigenen Bedarf betätigt sich der Vater als Vertreter für landwirtschaftliche Geräte, die von Pferden gezogen werden. Ihre Mutter sieht Marija nur schwanger, sie bringt sechs Mädchen und acht Buben zur Welt. Kurz vor Ausbruch des ersten Weltkrieges ist Marija im heiratsfähigen Alter. Doch Männer in diesem Alter werden dienstverpflichtet. Marija ist achtzehn Jahre alt und kein Heiratskandidat ist in Sicht. Die Mutter rät ihr, ins Kloster zu gehen.

Arm und ohne Mitgift wird sie in der Zisterzienser-Abtei in Pschow aufgenommen. Ihr Arbeitsplatz befindet sich im Untergeschoss in den Wirtschaftsräumen; Kartoffeln schälen und Fische putzen gehören zu den Aufgaben, die sie mit weiteren jungen Frauen teilt. Nach entbehrungsreichen Jahren im Kloster träumt sie von einer Zukunft mit eigener Familie und beschließt, nicht als Klosterfrau und Braut Jesu den Schleier zu nehmen, wie es ihr dic Schwester Oberin nahe bringen will, sondern die Abtei nach fünf Jahren zu verlassen.

Als sie mit ihren Habseligkeiten in ihr Elternhaus zurückkommt, erwartet sie kein herzlicher Empfang der Mutter, der die Sorgen mit ihren noch nicht erwachsenen Kindern nach dem Tod ihres Mannes, die Kehle zuschnüren.

Nach einem Kirchenbesuch trifft sie auf einen jungen, arbeitslosen Mann. In ihm sieht Marija den Vater ihrer Kinder und heiratet ihn. Beide beschließen, ins Ruhrgebiet zu ziehen, wo Valentin als Bergmann in Bottrop Arbeit findet. Die Söhne Erich und Helmut werden geboren. Marija hat ihre Erfüllung in der Familie gefunden. Jäh zerreißt nach zwölf Jahren Ehe ein Motorrad-Unfall die heimische Idylle, wobei ihr Mann zu Tode kommt, der auf dem Sozius sitzende kleine Helmut kommt unverletzt davon. Nun steht sie mit zwei minderjährigen Kindern und wenig Geld fern der Heimat wieder allein. Eine Nachbarin verhilft ihr zu einer Arbeitsstelle in einer Bäckerei. Hier lernt Marija einen neun Jahre jüngeren Junggesellen kennen, die Liebe ihres Lebens, der ein guter Papa für ihre Söhne wird.

Nur neun Monate währt dieses Glück. Er stirbt an Luftröhrenkrebs. Marija ist wieder Witwe. Und wieder beginnt eine arme, trostlose Zeit, bis sie, zweiundvierzigjährig, einen fünfzigjährigen Witwer aus Duisburg kennenlernt, Vater zweier erwachsener Söhne, einer erwachsenen Tochter und der fünfjährigen Ingeborg (wegen ihrer lieben Art von mir später Ingelein genannt). Beide möchten nicht ohne Partner bleiben und heiraten. Ein Jahr nach der Hochzeit, und vor Ausbruch des zweiten Weltkrieges, bekommt Marija vierundvierzigjährig ein kleines Mädchen. Hier beginnt mein Leben.

Gerade bin ich auf der Welt und schon sorge ich für Verwirrungen. Mama und ich sind gesund und Papa ist stolz, mit zweiundfünfzig Jahren noch so etwas Niedliches produziert zu haben (nach Aussage von Ingelein). Auf dem Weg zum Rathaus, um meine Ankunft zu melden,

kommt Papa an einigen Gasthäusern vorbei; die Freude ist groß und er genießt ein paar Glücksschnäpse auf mein Wohl, doch schon ist mein künftiger Name Lydia (wie ihn Mama für mich erwählt hat) in den Amtsräumen aus Papas Gehirn verschwunden. Nach dem Namen seines neugeborenen Kindes befragt, sagt Papa in seinem rheinischen Dialekt: „Dat Kind soll ‚Helja' heißen."
„Sie meinen Helga", vergewissert sich der Beamte.
„Ja, sach ich doch, ‚Helja'."
Dabei wünschte ich mir so sehr, Charlotte zu heißen, aber mich hat ja keiner gefragt.
Als Nesthäkchen genieße ich den Vorteil, von allen Mitgliedern der Familie geliebt zu werden, obwohl es lästig sein kann, immer geknuddelt und geknutscht zu werden.
Als ich sieben Jahre alt bin und in die erste Klasse der katholischen Volksschule gehe, besuche ich regelmäßig die Kirche. Dies bleibt Herrn Kaplan Zumhasch nicht verborgen. So ist der Gottesmann oft bei meinen Eltern zu Besuch. Papa mag zwar keine Pfaffen, wie er Geistliche oft nennt, doch dieser Kaplan ist ihm sympathisch. Meine Frömmigkeit nimmt Herr Kaplan Zumhasch zum Anlass, mit meinen Eltern darüber zu sprechen, mich in ein Kloster gehen zu lassen. Mama ist ungehalten und sagt: „Nur über meine Leiche verschwindet mein Kind hinter Klostermauern, Herr Kaplan." Einen Grund für diese Ablehnung hält sie in ihrem Herzen zurück.
Als im Jahre 1950 zwei Schwestern meiner Mutter und ein Schwager aus Oberschlesien ankündigen, zu uns ziehen zu wollen, bietet ihnen mein Papa für den Übergang ein Zimmer in unserer großen Wohnung an. Ich bin zwölf Jahre alt und habe jetzt drei Mütter, von denen ich später noch berichten werde. Ich freue mich für Mama, dass sie jetzt auch einen kleinen Teil ihrer Familie um sich hat. Papa wird immer kränker und

leidet seit Jahren an Herzasthma. Er bekommt immer weniger Luft und als er nach drei Jahren stirbt, ist es für ihn eine Erlösung, für uns sehr schmerzhaft.

Mein zehn Jahre älterer Bruder meint nach Papas Tod, Mama bei der Erziehung einer Fünfzehnjährigen behilflich sein zu müssen. *Was wollen die alle von mir, ich bin doch keine Zicke*, ging es mir durch den Kopf. Drei Mütter und ein besorgter Bruder; alle wollen nur das Beste für mich. Nach Papas Tod wird Mama der Mittelpunkt meines Lebens. Erfolgreich beende ich meine Lehre zur Kontoristin. Hier und da lerne ich einen Jungen kennen, aber nach einer Woche ist Schluss. Sobald mir einer an die Wäsche will, ziehe ich die Reißleine und fliege ihm davon. So kommen einige Bekanntschaften und Beendigungen zustande.

Zu meinen Träumen, wenigstens einen Teil von Deutschland zu sehen, fehlt mir noch das Geld, im Kloster würde mir nicht einmal das verfügbare Geld nützlich sein.

Während eines Urlaubs nimmt mich eine befreundete Familie mit nach Würzburg, meine erste Reise über Duisburgs Grenzen hinaus. Bis dahin hatte ich nie eine schönere Gegend gesehen, ein Erlebnis der besonderen Art lässt mich erkennen, das nicht nur Englisch wichtig ist, sondern auch Unterfränkisch. Ich verstehe kein Wort. Eine Fremdsprache für mich.

Mittlerweile bin ich achtzehn. Ohne mich anzustrengen, nach einem Heiratskandidaten zu suchen, steht plötzlich Freddy in einem Tanzcafé vor dem Tisch, an dem ich mit meinen Freundinnen sitze. Ich esse gerade eine Gulaschsuppe und was macht er, er starrt auf meinen Mund, als ob ich nicht essen könnte. Wie sollte es anders kommen: Ich kann tatsächlich nicht essen, denn ich verschlucke mich.

Nach der Suppe fühle ich mich wie eine träge, schwangere Wanze und jetzt holt der mich auch noch zum Tanzen, dachte ich. Ich habe es überlebt. Ein halbes Jahrhundert lebe ich mit ihm zusammen. Unsere

Tochter Belinda und zwei entzückende Enkelkinder sind unser Ein und Alles. Leslie und Adrian.

***

Ein unheimlicher Gast in der Nacht

Es war einer dieser grauen Tage im November, an dem die Dämmerung schon in den frühen Nachmittagsstunden einsetzte. Durch einen Fensterspalt hielt ich meine Hand ins Freie und spürte, wie feuchte, kühle Luft meine Haut benetzte; sie fühlte sich an wie aus den feinen Düsen einer Sprühflasche gedrückt. Alle vorhandenen Lichtschalter hatte ich betätigt, nur so konnte ich als Kind des Lichts diesen dunklen Tag ertragen.

Zu meinem Bedauern war für achtzehn Uhr eine Chorprobe für das bevorstehende Weihnachtskonzert angesetzt. Lustlos sortierte ich meine Noten, nahm meinen selbstgestrickten Schal von der Garderobe, drehte diesen mehrfach um den Hals, um meine Stimmbänder zu schonen, nahm den Anorak vom Haken und stieg in meine Winterstiefel, die an der Tür standen. Das Auto stand fahrbereit. Ich drehte den Zündschlüssel und hörte ein gequältes Stöhnen des Motors. Auch weitere Versuche blieben erfolglos. Das Auto sprang nicht an. Einem Nachbar, der mit seinem Hund vom Gassi gehen kam, war dieses Geräusch nicht entgangen. Nach meinem Ziel befragt, bot er sich an, mich zum Vereinslokal in den Nachbarort zu fahren. Dankend nahm ich an, auch abholen würde er mich.

„Ruf mich kurz an, ich bin zur Stelle“, versprach er.

Etwas verspätet betrat ich den Probenraum und schlich mich in die erste Reihe des Soprans auf meinen Platz. Als unser Chorleiter die ersten Töne eines Weihnachtsliedes anstimmte, fünfzig Frauen an der Zahl ihre

Stimmen erhoben und vierstimmig einsetzten, ging mein Herz auf, nicht zuletzt auch deshalb, weil mir meine Stimme gerade heute glasklar erschien. Zwei Stunden Probe waren mir an diesem Abend zu wenig. Noch in meine Noten vertieft, war ich die Letzte, die den Raum verließ. Als ich die Ausgangstür öffnete, versperrte mir dichter Nebel die Sicht. *Sollte ich den Nachbar anrufen*, ging es mir durch den Kopf. Nein, er saß vielleicht in seiner Sofaecke und schaute fern.
Seltsamerweise war die Welt an diesem Abend stehen geblieben. Kein Auto war zu hören, geschweige denn zu sehen. Mir fiel eine Abkürzung durch den nahegelegenen Krankenhauspark ein. Meine kleine Taschenlampe, die ich ständig mitführte, leuchtete mir den Weg aus. Angst hatte ich keine, es war noch früh am Abend.
Als ich ein Stück des Weges gegangen war, hörte ich ein Klirren. Es kam aus den Büschen zu meiner rechten Seite. Gedanken an London im Nebel und Jack the Ripper rasten durch meinen Kopf. Vor Schreck war mir die Notenmappe aus der Hand gefallen. Erstarrt blieb ich stehen, hielt die Luft an, hatte meine Ohren wie ein Hund in Habachtstellung gebracht, meine Augen schmerzten vor Überanstrengung, es durfte ihnen nichts entgehen. In drei Metern Entfernung erkannte ich die Umrisse einer Bank, auf der etwas Dunkles, Großes lag. Bei näherem Hinsehen hatte ich einen Obdachlosen erkannt, der eingeschlafen war und leises Schnarchen von sich gab. Sein Flachmann, mit Schnaps gefüllt, war ihm aus der Hand geglitten, zersplittert und der Inhalt, der ihn wärmen sollte, ausgelaufen.
Mein Herz schlug bis zum Hals. Ich beschleunigte meinen Gang so sehr, dass ich Seitenstiche und fast keine Luft mehr bekam. Erleichtert erkannte ich die schwachen Lichter der Tankstelle, die noch geöffnet war. Jetzt waren es nur noch ein paar Schritte bis zur Haustür. Flugs schloss ich sie auf, entledigte mich meiner Kleidung und hatte nur noch den

Wunsch, ins Bett zu gehen. Lange noch lag ich wach und grübelte darüber nach, ob ich diesem Menschen hätte helfen sollen. Der Schock über das Erlebte saß noch sehr tief, dann war ich doch eingeschlafen.

Irgendwann war ich aufgewacht, weil ich fror, meine Bettdecke war auf den Boden gefallen. Während ich sie hochzog, flimmerte es vor meinen Augen. Im Türrahmen war die Gestalt eines großen Mannes in Uniform zu erkennen. Er hatte dichtes, schwarzes Haar, einen vollen Oberlippenbart, hielt eine Flasche in den Händen und sah mich traurig an. Wie gelähmt lag ich da. Dann war mir klar geworden, dass es nur ein Traum gewesen sein konnte. Ich knipste die Nachttischlampe an und niemand ward mehr zu sehen.

Dieses reale Erlebnis und das Geträumte beschäftigten mich noch ein paar Tage, als plötzlich ein Brief, schwarz umrandet, im Postkasten lag. Mit Unbehagen öffnete ich diesen und las, dass Onkel Imre aus Ungarn verstorben war. Er war der Schwager meiner Mutter. Während einer Ungarnreise hatte ich Tante Marika und Onkel Imre besucht. Beide waren mir sympathisch und so versprach ich ihnen, sie sobald als möglich wieder zu besuchen.

Onkel Imre war Polizeihauptwachtmeister in Siófok am Balaton; ein gemütlicher Mann, der auch mal den Tokajer aus der Flasche trank und der Gestalt aus meinem Traum entsprach. Hatte Onkel Imre in seiner Todesstunde an mich gedacht und sich mir im Traum gezeigt? Eine Antwort auf die Frage, in welchem Zusammenhang der Geist von Onkel Imre und der Obdachlose aus dem Park standen, werde ich wohl nie erfahren.

***

Fremde Schuhe

Nach langen Jahren im Kontor eines Industrie-Unternehmens sehnte ich mich nach beruflicher Veränderung. Die Gemeindeverwaltung suchte für die Meldestelle eine Bürokraft. In einem aus der Gründerzeit stammendem Gebäude, mit langen Fluren, die ausgelegt waren mit hässlichem, grünem Linoleum, befand sich dieses Amt. Viel Bohnerwachs, mit dem wöchentlich die Flure auf Hochglanz gewienert worden waren, sorgte in dem Haus für einen penetranten Geruch. Um Rutsch-Unfälle zu vermeiden, standen auf allen Etagen Tafeln auf dem Boden mit dem Hinweis "Vorsicht, frisch gebohnert". An den Bürotüren waren Schilder mit dem Namen der Dienststelle und der Beschäftigten angebracht worden. Die Gewerbeanmeldung war in zwei Räume aufgeteilt, nach den Buchstaben A – K und L – Z und hatte von montags bis freitags in der Zeit von neun bis zwölf Uhr für Gewerbetreibende geöffnet. Im Raum A - K saß Herr Breuer, ein Junggeselle, Mitte vierzig, ein angenehmer Kollege, der, hätte er keine Kunden zu bedienen gehabt, sehr sparsam mit seinen Worten umgegangen

war und seiner Arbeit gewissenhaft nachging. Eine Abnutzung seiner Stimmbänder hatte er nie zu befürchten.

Herr Breuer wohnte im „Bullenkloster", so nannte man umgangssprachlich das Männerwohnheim im Ruhrpott unweit vom Hafen.

Hinter der Tür L – Z ging ich meiner Arbeit nach. Gelegentlich hatte Herr Breuer mit der Pünktlichkeit am Morgen ein Problem, besonders der Montagmorgen machte im zu schaffen. Dies' lag vermutlich an seiner Vorliebe für gewissen Flüssigkeiten, die dafür sorgten, dass er morgens nicht aus den Federn kommen konnte. Chef der

Gewerbemeldestelle war Oberinspektor Winter, der sein Büro neben den unseren hatte, aber ohne Publikumsverkehr. Von Gestalt her war er klein, etwas rundlich, mit viel Gemüt, der für seine Mitarbeiter immer ein offenes Ohr hatte. Bis 10 Uhr morgens musste unser Chef das Fehlen von Mitarbeitern (Krankmeldungen) an höhere Stelle melden. Da wir ein gutes Team waren, unsere vielen anfallenden Arbeiten von uns gewissenhaft erledigt wurden, kam Herr Winter in mein Büro und sagte: „Frau Prieur, wären Sie so nett und holen Herrn Breuer von zuhause ab, damit ich ihn nicht melden muss?"

Es waren nur ein paar Schritte, doch sehr unangenehm für mich, ihn aus dem Bett zu holen. Ich betrat das „Bullenkloster", hatte aber das Glück, nicht an seiner Tür schellen zu müssen, da er mir schon auf der Treppe entgegen kam. Seinen Gesichtsausdruck werde ich nicht vergessen. Sehr übernächtigt sah er mich aus verschwommenen Himmelsaugen an und sagte barsch: „Was wollen Sie denn hier?" Kleinlaut sagt ich: „Ich will Sie zum Dienst abholen." Auf dem kurzen Weg zur Dienststelle motzte er: „Was fällt Ihnen eigentlich ein? Mich braucht keiner abzuholen!" So hatte ich mein Fett bis nächsten Mal weg.

Als ich am nächsten Morgen mein Büro betrat, lag eine Schachtel Mon Cheri mit einem Zettelchen aus der Additionsmaschine auf meinem Schreibtisch. Darauf stand „Danke!".

Da unser Arbeitspensum immer größer wurde, bekamen wir einen neuen Kollegen.

Es war Montagmorgen, ich nahm aus dem Aktenschrank die zu bearbeitenden Gewerbeanmeldungen heraus, legte sie auf den Schreibtisch,

als plötzlich die Tür aufging und Herr Winter mit einem jungen Mann das

Zimmer betrat. „Guten Morgen, Frau Prieur, ich möchte Sie mit unserem

neuen Mitarbeiter, Herrn Marnette, Ralf Marnette bekannt machen. Er wird
ab heute am Schreibtisch vis à vis sitzen. Die Anmeldungen haben so zugenommen, dass drei Personen angemessen sind, die Arbeit zu verrichten."
Herr Marnette reichte mir die Hand. Sie fühlte sich schlapp und kühl
an. Von Durchblutungsstörungen an den Händen im Frühsommer hatte ich bisher in so
jungen Jahren nichts gehört.
Ich beäugte ihn von allen Seiten. Ich schätzte sein Alter wie das meine ein; Ende zwanzig, Anfang dreißig. Seine Größe hörte so bei einem Meter siebzig auf, also kein Zwerg, aber auch kein Riese, dachte ich. Schlank und unscheinbar.Da waren noch die schütteren, aschblonden Haare, die nicht wussten,
wohin sie fallen sollten und sich für mehrere kurze Scheitel entschieden hatten.
Nicht mein Typ, dachte ich. Doch auch er hatte, wie jeder Mensch, etwas Schönes an sich. Wenn er lachte, kamen schneeweiße, gleichmäßig gewachsene Zähne zum Vorschein, die ich bisher nur bei Afrikanern während unseres Urlaubs in Simbabwe gesehen hatte. Um weitere Qualitäten
an ihm festzustellen, brauchte es noch einige Zeit.
Ich gab ihm einen Teil der Akten und erklärte ihm die Bearbeitung derselben.
Es bedurfte der Worte nicht viel, er verstand sofort. In der Mittagspause ging er hinaus, schaute auf das Schild an der Tür, kam herein und sagte:
„Frau Prieur, sie heißen Charlotte mit Vornamen, ein schöner Name, sollten wir uns nicht duzen?"
„Einverstanden!"

Einige Wochen vergingen und Ralf und ich waren ein eingespieltes Team,
das auch gelegentlich private Gespräche zuließ. So erfuhr ich von ihm,
dass er an einer Privatschule Sprachen, vornehmlich Englisch, unterrichtet
hatte. Jetzt machte es mich neugierig und ich fragte ihn, warum er eine so
tolle Stelle hatte sausen lassen?
„Du hast Recht Charlotte, aber ich habe dem Druck nicht standhalten können."
„Welchem Druck?"
„Du musst dir vorstellen, in meiner Klasse hatte ich, mit einigen Ausnahmen,
nur junge Mädchen zu unterrichten. Hübsch, mit viel zu enger Kleidung und
kurzen Röckchen, die eher an einen breiten Hüftgürtel erinnerten, saßen die
jungen „Dinger" (wie er sie nannte) vor mir."
Ich bin schließlich auch nur ein Mann - Charlotte, du bist eben anders."
Sehr charmant von ihm, dachte ich, jetzt hast du dein Fett weg. „Wo ist der Spiegel?" kam mir in den Sinn.
Dann sprach er weiter: „Natürlich hatte ich den wahren Grund für meine Kündigung verschwiegen und angegeben, eine Beamtenlaufbahn einschlagen zu wollen; da ist man später auf der sicheren Seite."
Ich hörte gespannt zu und überlegte, ob ich in Zukunft mein tief ausgeschnittenes Dirndlkleid noch tragen könnte. Sein täglicher Aus- und Einblick von seinem Schreibtisch auf meinen hübschen Balkon, könnte ihn verwirren. Dann wäre seine Karriere wieder gefährdet.
Nach einem Telefonat, das er führte, kam ich ihm auf die Spur, dass

Dorothea, mit der er sprach, seine Ehefrau war und mit ihr einen kleinen
Sohn, mit Namen Pierre hatte. Einmal war sie in der Pause mit dem
Jungen im Büro erschienen. Es war ihm sichtlich peinlich.
Sie wirkte auf mich zwar nicht schüchtern, aber in ihrem Blick war Angst
und Trauer zu erkennen. Sie hatte die Schultern nach vorne gezogen, als
würde sie einen schweren Rucksack tragen, gefüllt vermutlich mit vielen
Sorgen. Eine Brille mit starken Gläsern, eingebettet in einem schwarzen
Gestell,
war nicht optimal für ihr eigentlich hübsches Gesicht.
Alles in allem hatte ich den Eindruck, dass diese Frau nicht auf Rosen
gebettet war, doch etwas Vornehmes ging von ihr aus. Ich mochte sie.
Einmal traf ich Dorothea in der Stadt, als sie gerade einen Second-Hand-
Laden
verließ. Sie trug ein Kleid aus blassblauem Leinen, das viel zu groß für sie
wirkte.
Genau dieses Kleid hatte ich einige Tage zuvor in der Auslage des
Geschäfts
gesehen. Es hatte Doro gefallen, aber gebrauchte Ware ist eben nicht in
mehreren Größen erhältlich, so nahm sie es trotzdem.
Wir wechselten ein paar Worte und so erfuhr ich, dass sie bei der
Staatsanwaltschaft beschäftigt ist und in der Kanzlei Gerichtsakten
zu schreiben hat. Als wir uns einige Male getroffen hatten, fiel mir auf,
dass
Dorothea sich immer, wenn sie etwas sagte, gleich wieder für das Gesagte
entschuldigte. Ob sie sprach oder schwieg, immer fühlte sie sich schuldig.
Sie war durch irgendetwas oder irgendjemand zur Marionette geworden.
Ralf machte, was er wollte. Sein Verantwortungsbewusstsein, auch
seinem
Sohn gegenüber, war gleich null.

Als ich heute morgen um sieben durch das Hochfahren der Rollladen aufgewacht war, die noch jungen Strahlen der Sonne mein Gesicht streichelten, fiel mein Blick zuerst, wie immer, auf meinen, gut sichtbaren Kalender, den ich an die Wand vor mir angebracht hatte.

„Endlich Freitag. Charlotte, den schaffst du auch noch, sprach ich zu mir.“

Im Büro angekommen, war ich erstaunt, dass Herr Breuer schon in seinem Zimmer saß. Ralf hatte einen Zahnarzttermin wahrgenommen und kam später.

Herr Winter öffnete meine Bürotür, wollte eintreten, doch verhinderten zwei große Hunde, die er an der Leine hatte und ihn gegen den Türpfosten gedrückt hatten, sein Vorhaben. Sie hatten ihm die Vorfahrt genommen.

Der Boss wirkte ziemlich zerknirscht. Ich musste lachen beim Anblick der Tiere und fragte: „Herr Winter, sind das unsere neuen Azubis?“

„Meine Frau hat mir die aufs Auge gedrückt.“

Dann begann er zu erzählen. Unser oberster Chef, Herr Augustin, Oberverwaltungsrat des Amtes, sein Duz-Freund, hatte Winter gebeten, die Hunde bis Sonntagabend in seine Obhut zu nehmen. Er würde mit seiner Frau einer Einladung zur Goldhochzeit in den Schwarzwald folgen und diese großen Hunde würden nicht ins Auto passen. Diese Tiere wären gehorsam und problemlos. Herr Winter ließ sich breitschlagen.

Seine Frau war entsetzt. Als der Chef Freitagmorgen ins Büro fahren wollte, stand seine Frau im Türrahmen, beide Tiere angeleint und bestand

darauf, dass er die Hunde mit ins Büro nehmen solle, denn sie habe ein Treffen
mit ihrer Freundin Beate zum Stadtbummel.
Buddy und Odin, der eine ein pechschwarzer Riesenschnauzer,
ein Muskelpaket, bei dem allein sein schwarzes Fell den Adrenalinspiegel beim Menschen ansteigen ließ, der andere ein gleich großer, weiß mit schwarzen Punkten gefleckter Dalmatiner hatten es sich in meinem Büro auf dem Boden gemütlich gemacht. Noch gab es keine Probleme.
Herr Winter hatte extra die Zwischentür zu seinem Büro offen gelassen, damit die Tiere sich bewegen konnten. Herr Breuer hatte seine Mitteltür geschlossen mit dem Satz: „Die kommen bei mir nicht rein,
ich will meine Ruhe.“
Als Ralf vom Zahnarzt kam und die Hunde sah, blieb er wie angewurzelt stehen, kniff die Pobacken zusammen, sagte mit bleichem Gesicht:
„Charlotte, tu die Viecher weg, ich sterbe vor Angst.“
Ihn hatte vor Jahren ein Dackel in beide Fersen gebissen, was sehr schmerzhaft war. Ich stellte zwei Stühle so auf, dass die Tiere nicht direkt an Ralf heran kamen.
Mittlerweile hatten sich die Hunde erhoben, ihren Kopf auf meinen Schreibtisch gelegt und starrten mich unentwegt an.
„Hallo, Herr Winter, ich glaub die müssen Gassi!“
Er kam mit den Leinen aus stabilem, braunem Leder an, reichte sie mir und bat mich, dies’ für ihn zu erledigen. Ein wichtiger Kunde, Besitzer einer Spielhalle, hätte für elf Uhr sein Kommen angesagt.
Ich ging hinaus in den Flur. Das Desaster begann. Auf dem frisch gebohnerten Boden kamen die Hunde in Schieflage, die Pfoten rutschten ihnen weg, zogen wie wild an der Leine, dass auch ich Mühe hatte, den Boden unter mir nicht zu verlieren. Herr Winter wusste, was er tat, mir diese Aufgabe zukommen zu lassen.

Auf der anderen Seite der Straße war ein unbebautes Wiesengrundstück, dort zogen mich die Tiere hin. Nicht ich hatte sie an der Leine, sondern sie mich. Jetzt hätte nur noch ein weiterer Hund auftauchen müssen und ich hätte die Zügel nicht mehr halten können.

Auf dem Rückweg schimpfte ich vor mich hin: „Was denkt sich der Chef eigentlich dabei, bin ich als Dompteur bei der Behörde angestellt worden?
Da kann ich ja gleich als Löwenbändiger beim Zirkus anfangen.“ Das hier waren für mich keine Schoßhunde, sondern ausgewachsene, kraftstrotzende
Freiheitsfanatiker.
Da ich auch an Ralf denken musste, der mit dicker Backe wehleidig mir gegenüber saß, machte ich Herrn Winter den Vorschlag, für die restliche Dienstzeit die Tiere in der neben uns befindlichen Registratur, in der zwei Fenster für Helligkeit sorgten, einzuquartieren. Ich stellte in einer kleinen Aktenwanne Wasser hin, etwas Trockenfutter und siehe da, Mensch
und Tier waren zufriedengestellt.
Mit einem breiten, verschmitzten Grinsen ging Herr Winter durch unsere Büros und sagte: „Hab’ ich doch gleich gesagt, dass diese Hunde keine Probleme machen.“
An einen solchen Satz konnten sich Ralf und ich nicht erinnern.
„Ein frohes Wochenende wünsche ich ihnen“, sagte er noch.
Als er unser Büro zum Flur hin verließ, rief ich ihm noch nach:
„Herr Winter, vergessen sie die Hunde nicht!“

Montagmorgen war ich als erste im Büro. Ich machte die Kaffeemaschine

an, stellte die Kalender um und hoffte nur, dass Herr Winter ohne Anhang
kommt. So war es.
Als Ralf eintraf, dachte ich: „Wie sieht der denn aus.“ Seine sonst großen Augen waren zu Schlitzaugen mutiert. Schlafentzug ließen ihn so aussehen.
Waren es Zahnarzt-Auswirkungen oder hatte er wieder die Nacht zum Tage
gemacht, wie ich mittlerweile auch spitz gekriegt hatte.
Wie ein Häufchen Elend saß er vor mir. Er drehte seinen Kopf zum Fenster,
starrte teilnahmslos hinaus und war gedanklich weit weg. So hörte ich ihn leise säuseln: „Braune Haut auf weißem Laken.“
Ich wurde wütend und warf eine Büroklammer nach ihm, die seinen Kopf
verfehlte. Keine Reaktion. Da nahm ich meinen Locher, ließ ihn aus zehn Zentimeter Höhe auf den Schreibtisch fallen.
Der Meister war aufgewacht und schaute mich mit plötzlich wieder groß gewordenen, giftigen Augen an.
„Verdammt noch mal Ralf, du bist hier nicht in der Mon-Bijou-Bar, sondern an deinem Arbeitsplatz!“
„Entschuldige, Charlotte, du hast ja Recht.“
„Ralf, trink erst einmal eine Tasse Kaffee, sie wird dir gut tun und dich munter machen.“ Er stand von seinem Schreibtisch auf und schlurfte zur Kaffee-Ecke. „Ralf, du nervst, hast du etwas an den Füßen?“
„Nein, die Schuhe sind mir zu groß.“
„Warum hast du sie nicht eine Nummer kleiner gekauft?“
„Die habe ich nicht gekauft. Die sind von meinem verstorbenen Cousin und standen noch im Keller.“

„Sag bloß, du kannst dir keine Schuhe kaufen?“
„Im Moment bin ich klamm.“
Diese Geschichte passierte zu einer Zeit, in der wir unsere Lohntüte noch in der Zahlstelle abholen mussten.
Heute war Zahltag. Ralf holte aus seiner Aktentasche eine kleine, grüne Geldkassette heraus.
„Was hast du da drin?“
„Nichts, da kommt gleich mein Gehalt rein.“
„Verdienst du so viel, dass es nicht mehr in dein Portemonnaie passt?“
Wenn ich damals nicht gewusst hätte, dass Ralf hochintelligent war und seine Zeugnisse nur aus Einsen bestanden, hätte ich gedacht „der hat 'ne Meise!“
Er war eben nur anders.
Im Laufe des Dienstag kam Herr Winter in unser Büro und sprach Ralf an:“ Herr Marnette, der oberste Chef hatte mich gebeten, Sie zu fragen, ob Sie an einer Außendiensttätigkeit zusätzlich interessiert seien? Es geht darum, in unterschiedlichen Abständen in diversen Spielhallen heimlich die Anzahl der Spiele zu notieren, um eine korrekte Vergnügungssteuer-Abgabe zu garantieren.“ Ralf sagte zu, ja er freute sich auf diesen Nebenjob. Dieses Metier kannte er. Nach mehrmaligem Auftauchen seiner Person war er beim Notieren einem Croupier aufgefallen. Man legte ihm nahe, die Spielhalle zu verlassen und sich nie wieder sehen zu lassen, sonst würde er ein blaues Wunder erleben. Von da an geriet Ralf jedes Mal im Büro in Panik, wenn es an der Tür klopfte. Zu seiner Sicherheit hatte er sich einen Schlagring in die Schublade gelegt. Ich war entsetzt. „Hoffentlich wendet er diesen nicht mal bei mir an“, dachte ich. Mit Ralf war jeder Arbeitstag eine Überraschung. Nein, dass stimmt so nicht. Ralf selbst war eine Überraschung.
Obwohl an diesem Tag kein Kunde sich hatte sehen lassen, war ich

geschafft. Trotz einiger verwirrender Vorkommnisse hatten wir dennoch eine Menge interner Arbeiten erledigen können.
Kurz vor Dienstschluss holten wir unsere Moneten ab.
Gemeinsam verließen Ralf und ich das Büro.
Und jetzt ist der tot. Viel zu früh, noch keine vierzig Jahre alt. Man fand ihn allein in einem Hotelzimmer am Rande der Stadt. Die Kripo war eingeschaltet worden, der herbeigerufene Arzt stellte den Totenschein aus. „Natürlicher Tod durch Herzversagen“. Von seinem frühen Ableben erfuhr ich erst Jahre später. Wir hatten uns aus den Augen verloren, als ich beruflich zu einer Bank wechselte.
So vergeht die Zeit.

***

Und der Herr sprach: Neugier, dein Name sei ...

Es war ein Schock für uns, als unsere lieben Nachbarn, Marlies und Rolf Dickens, kurz hintereinander im Alter von nur fünfzig und zweiundfünfzig Jahren einem Krebsleiden erlagen. Längere Zeit stand ihr Reihenhäuschen leer. Nach ein paar Monaten stellte sich ein Ehepaar mittleren Alters bei uns als neue Nachbarn vor.
Arthur und Ilse Boisenberg hatten das Häuschen gekauft. Seine äußere Erscheinung ließ auf einen seriösen, peniblen und wortkargen Menschen schließen. Seine Frau begrüßte mich freundlich, doch als sie mir ihre Hand gab, glaubte ich, gerade in eine Kartoffelreibe gegriffen zu haben. In ihren Augen konnte ich etwas Scheues und Ängstliches erkennen. Ihre blonden Haare wirkten durch den nachgewachsenen, grauen Haaransatz ungepflegt.
Ihre Gegensätzlichkeit ließ unsere Neugier sprießen.
„Was mag er wohl beruflich machen?“, fragte ich Freddy beim Frühstück.

„Keine Ahnung“, war seine Antwort.

„Auf jeden Fall Kopfarbeiter“, ließ ich fallen.

Jetzt sprach ich zu mir selbst, da Freddy seine Zeitung lesen wollte: Buchhalter, Rechtsanwalt, Lehrer, Wissenschaftler? Sogar Pfarrer ging mir durch den Kopf oder vielleicht Herrenfahrer?

„Warum fragst du ihn nicht einfach?“, kam es zurück.

„Du weißt, dass ich nicht neugierig bin.“

„Ha, jetzt muss ich aber lachen!“, gluckste Freddy.

„Freddy, man muss sich doch um seine Nachbarn kümmern! Als Rentner hat man doch die Zeit dafür.“

Jeden Morgen verließ Boisenberg in einen grauen Zwirn gehüllt und mit geputzten Schuhen, einer Aktentasche aus braunem Leder feinster Art und Goldrandbrille auf der Nase sein Haus, stieg in seinen farblosen Mittelklassewagen und fuhr davon. Ilse besorgte vermutlich den Haushalt, denn ich hörte sie den ganzen Tag hin- und herflitzen.

Pünktlich um fünf Uhr kam er nach Hause. Jetzt war bei mir ein Stellungswechsel angesagt. Von der Front unseres Hauses lief ich ins Wohnzimmer und beobachtete von der Terrasse aus, wie Arthur in Filzpantoffeln seinen Rasen betrat. Das Grün war sein ganzer Stolz. Kein Grashalm oder Gänseblümchen hatte die Gelegenheit, größer als fünf Zentimeter zu werden. Sofort wurde der Rasenmäher in Gang gesetzt.

Der Garten wirkte sehr steril und schmucklos, wäre da nicht der Forsythien-Strauch, der im Frühjahr blühte, und zwei Hortensienbüsche, die im Sommer ein paar Farbkleckse abgaben. Am Wiesenrand standen zwei Holzliegestühle so dicht beieinander und immer an der gleichen Stelle, dass man, bei flüchtigem Hinsehen, glauben konnte, sie seien nur ein Stuhl. Täglich sah ich beide dort sitzen, sofern es das Wetter erlaubte. Ihr Flüstern machte mich nervös. Nichts bekam ich mit.

Auf Druckstellen im Gras reagierte Arthur allergisch. Hatte Ilse während seiner Abwesenheit ihren Wäscheständer auf den Rasen gestellt, ging sie anschließend mit einem Schrubber bewaffnet hinaus, um alle plattgewalzten Grashalme wieder aufzurichten. Fraglich war nun, wer von beiden an der größeren Manie litt.

Beim Einreichen unserer Steuererklärung beim Finanzamt machte ich Dienstag eine Entdeckung. Ich lief auf der Suche nach Zimmer zweihundertzehn den langen Flur entlang, als ich auf dem Schild unter der Zimmer-Nr. 208 den Namen Boisenberg las.
Ich klopfte an und hörte ein „Herein!" Vor mir im Zimmer stand: Herr Boisenberg. Mit einem kurzem „Entschuldigen Sie bitte" verließ ich sein Büro.
So, jetzt wissen wir's! Diese Neuigkeit musste ich Freddy sofort per Handy mitteilen.
„Er ist Finanzbeamter!", rief ich ins Telefon.
„Wer?"
„Meine Güte, bist du schwer von Begriff. Boisenberg natürlich! Freddy, du weißt, ich bin nicht neugierig. Es war reiner Zufall."

Letztes Wochenende fiel mir auf, dass nur Herr Boisenberg auf dem Liegestuhl saß. Jetzt sind es schon vier Wochen und er sitzt immer noch allein im Garten. Wo ist Ilse?
„Freddy, als Boisenberg heute Morgen sein Haus verließ, klebte Lehm an seinen Schuhen. Ich werde einmal die schrecklich neugierige Meier vom Eckhaus fragen, ob sie etwas weiß. Die steht doch den ganzen Tag hinter der Gardine am Fenster."
Ein kurzes Telefonat und schon war ich im Bilde.

„Frau Boisenberg sah ich vor vier Wochen mit einem Koffer abends in ein Taxi steigen“, sagte die Meier.
Beiläufig meinte Freddy, er müsse mir bald einen Hochstand bauen, am besten auf Rädern, den ich wahlweise für den besten Ausblick verschieben könnte.
„Freddy, ich brauche keinen Hochstand mehr, hier ist nix mehr los.“

Weit gefehlt. Heute ging ich in den Abendstunden in den Garten, um unsere Rosen zu gießen. Mein Blick fiel auf Boisenbergs Grundstück. Beide Liegestühle waren belegt. Ist Ilse wieder da? Ich holte meine Fernbrille. Das kann niemals Frau Boisenberg sein, die ist doch nicht so geschrumpft. Und während Frau Boisenberg blondgraue Haare hatte, hatte die Frau neben ihm tiefschwarzes Haar. Was ich erkennen konnte, war eine zierliche Gestalt mit dem Gesicht einer Asiatin. Boisenberg hatte zärtlich den Arm um sie gelegt. Jetzt wird es spannend!

Obwohl ich so zeitig in der Früh aufstehe, verstehe ich nicht, wieso mir so wenig Zeit für die Hausarbeit bleibt.
„Freddy, sollten wir uns nicht eine Raumpflegerin zulegen? Vielleicht auch eine Bügelfrau, dann wärst auch du entlastet.“
„Lass uns darüber schlafen. Morgen ist auch noch ein Tag.“
„Gute Nacht!“

***

Frauen unter sich

Hella, eine liebe Bekannte rief an: „Helga, hättest du etwas Zeit für mich? Ich möchte deinen Ratschlag hören!“

„Ich bin zu Hause“, sagte ich. Mir gingen Gedanken durch den Kopf. Wie könnte ich einer so gestandenen Frau von fünfzig Ratschläge erteilen?
Es schellte. Ich öffnete.
„Hallo Hella, komm’ herein und setz’ dich! Möchtest du einen Tee?“
„Ja, gern, bei Tee lässt es sich besser plaudern.“
Dann fing Hella an zu erzählen.
„Ich habe vor, mich liften zu lassen.“
„Was sagst du da? Liften, habe ich richtig gehört?“
„Ja!“
„Hast du zu viel Geld oder was ist der Grund für eine so schwerwiegende Entscheidung?“, fragte ich überrascht.
„Schon seit längerer Zeit befasse ich mich mit diesem Thema.“, gestand sie mir.
„Und was sagt Dietmar dazu?“
„Er fände es gut. Außerdem habe ich geerbt.“
Leise wiederholte ich das Wort. Lifting.
„Hella, wo?“
„Natürlich im Gesicht, wo denn sonst?“, fragte sie und zog dabei ihre Augenbrauen hoch. „Hier, sieh’ mal meine Augenlider, die kleinen Fältchen“, dabei nahm sie ihre beiden Mittelfinger zu Hilfe und schob die Brauen hoch. „Guck mal, gleich zehn Jahre jünger, findest du nicht auch?“
„Moment, ich hole mal eine Lupe“, lachte ich in mich hinein, wurde aber gleich wieder ernst. „Hella, was ich sehe, ist so geringfügig und dafür willst du dich unters Messer legen? Du hast ein so hübsches Gesicht, ausdrucksstarke Augen, schöne Haut, bist superschlank, lange Beine, wunderbare Hände. Soll ich weitermachen? Niemand von uns wurde vom lieben Gott so fantastisch ausgestattet wie du. Warum forderst du das Schicksal so heraus? Einen Millimeter zu weit links oder rechts

geschnitten, schon ist ein Nerv getroffen und du trägst eine Gesichtsteillähmung davon. Dann hängen deine Wangen oder der Mundwinkel herunter wie nach einem Schlaganfall."

„Dietmar sagt auch, dass ich dann um viele Jahre jünger aussehe.", beharrte Hella, doch sie sah mir dabei nicht in die Augen.

„Aha! Also willst du es für deinen Mann machen."

„Du weißt doch, Dietmars Hobby ist das Fotografieren und bei Groß- oder Nahaufnahmen sieht man die Fältchen ganz stark", sagte Hella.

„Hella, ich muss dich unterbrechen, Dietmar hat vor einiger Zeit auch einen Schnappschuss von mir gemacht. Natürlich ganz nah. Meine Gesichtsfläche ist so groß wie ein Schachbrett. Die Konturen sind so stark, dadurch wirkt mein Gesicht ganz hart. Moment, ich zeige dir mal ein Portraitfoto von mir, das ich für Fred von einem Profifotografen habe machen lassen. Dieser schob vor die Linse einen Filter, vielleicht auch zwei, ich glaube es heißt Weichzeichner. Sieh' mal, wie weich meine Gesichtszüge wirken. Kein Mensch läuft mit Teleobjektiven durch die Gegend, um bei seinen Mitmenschen Fältchen zu entdecken. Nach dieser OP dürftest du nicht mehr lachen, um einer weiteren Fältchenbildung vorzubeugen", ich schüttelte den Kopf. „Hella, du bist schön. Dietmar weiß gar nicht, was er an dir hat. Du wolltest meinen Rat, entscheiden musst du selbst, aber Hella, kannst du dich noch daran erinnern, als bei mir eine notwendige OP anstand und ich schreckliche Angst vor der Vollnarkose hatte? Getröstet hast du mich mit den Worten, dass die Medizin soweit fortgeschritten ist, dass auch die Narkose schon Routine ist."

Ich dachte an den Eingriff zurück. Als ich zur OP vorbereitet wurde, setzte sich die Anästhesistin an mein Bett und erklärte mir mit verständlichen Worten den Verlauf der Operation. Ich bat sie, beim Setzen des Tubus auf meine teuren Jacketkronen zu achten. „Ich passe auf“, sagte sie. Die Zähne blieben heil. Als ich auf dem Zimmer wieder wach war, bemerkte ich, dass ich keinen Ton hervorbringen konnte. Ich sagte dies’ bei der Visite, worauf der Arzt meinte: „Das gibt sich.“ Es ist die übliche Heiserkeit nach einer Narkose. Als ich jedoch am vierten Tag immer noch kein Wort sprechen konnte, bat ich bei der Visite, einen HNO-Arzt konsultieren zu dürfen, welcher in diesem Krankenhaus tätig war. Er sagte mir, dass ich eine linksseitige Stimmbandlähmung habe. Drei Monate konnte ich nicht sprechen, danach nur eingeschränkt. Nicht einmal um Hilfe hätte ich rufen können. Zweimal die Woche musste ich zum erneut sprechen lernen einen Logopäden aufsuchen. Als wieder ein paar Silben in ganz hohen Tönen hörbar wurden, hätte ich jedem Eunuchen Konkurrenz gemacht.

Meine Erfahrungen hatten bei Hella jedoch keinen Sinneswandel bewirkt. Sie meldete sich in Süddeutschland bei einem sehr renommierten Schönheitschirurgen an, mietete sich für eine Woche ein Hotelzimmer und ward erst einmal nicht mehr gesehen. Wieder zu Hause angekommen, ließ sie keinen an sich ran. Wir befürchteten schon schlimmes, doch nach etwa drei Wochen meldete sie sich, um ihr neues Gesicht zu zeigen. Großartige Veränderungen konnte ich nicht feststellen. Das war auch gut so, man hatte sie zumindest nicht verschnippelt. Fast wäre mir der Satz entglitten: „Bist du nicht drangekommen?“ Bis auf ein paar abklingende Hämatome war sie wie vorher.

Sie holte ein paar Fotos aus der Tasche, die Dietmar kurz nach der OP geschossen hatte. Sie muss einiges ausgehalten haben. Durch Schwellung geschlossene Augen, grauweiße Gesichtsfarbe und viele blaue Flecken, von den bekannten, noch frischen Nähten hinter den Ohren ganz zu schweigen, deren Fäden auch noch gezogen werden mussten, was ebenfalls sehr schmerzhaft war, konnte man später nichts mehr

erkennen. Zwanzigtausend Euro ist sie losgeworden und ihren Mann dazu.
Im Nachhinein war sie mit ihren gestrafften Augenlidern nie ganz zufrieden und dachte schon an eine Korrekturbehandlung. Ob sie stattgefunden hat, ist mir nicht bekannt. Sie ist ein so toller Mensch, hat zu sehr geliebt und wurde dafür noch bestraft. Heute ist sie wieder sehr glücklich mit einem Partner, der sie so liebt, wie sie ist.

***

Einmal Mumbai und zurück

Als Brückenbau-Ingenieur einer Hoch- und Tiefbaufirma wurde Reinhard nicht nur im Inland sondern auch im Ausland zur Überwachung großer Projekte eingesetzt. Durch diese über Monate andauernden Einsätze waren seine bisherigen Beziehungen in die Brüche gegangen. Zurück in Deutschland freute er sich diesmal auf den bevorstehenden Feuerwehrball in seinem Heimatort und ein Treffen mit seinen Freunden. Hier traf er Katja, die Frau seiner Träume. Nicht nur, dass sie schön war, nein, auch ihre warmherzige Ausstrahlung faszinierte ihn. Nach einem Tanz verließen beide das Festzelt, suchten sich ein lauschiges Plätzchen und plauderten miteinander, als wären sie vertraut seit eh und je.
Katja war beeindruckt von seiner Offenheit, wobei er auch seine Vergangenheit nicht außen vor ließ. Nur einen wunden Punkt hielt er in seinem Herzen zurück. Er war wegen fahrlässiger Körperverletzung und anschließender Fahrerflucht zu einer Haftstrafe von einem Monat ohne Bewährung und Entzug seiner Fahrerlaubnis verurteilt worden. Finanziell war es für ihn keine Frage, ein Taxi zu nehmen. Dass er kein

Auto besaß, konnte er mit seiner ständigen beruflichen Abwesenheit gut begründen. Katja hegte keinen Zweifel an seiner Aussage.

Gestern kam ein Schreiben vom Gericht, dass er seine Haftstrafe in drei Wochen antreten müsse. Mit seiner Firma hatte der keine Probleme, seinen Jahresurlaub individuell zu nehmen, da für ihn in den nächsten Monaten keine wichtigen Termine anstanden Wie sollte er diese lange Abwesenheit aber seiner Liebsten beibringen? Diese Frau durfte er nicht verlieren.

Er lud Katja zum Essen ein. Sein Herz war schwer, ihr jetzt eine Lüge auftischen zu müssen. Seine Gedanken überschlugen sich und er suchte nach den richtigen Worten. Er nahm ihre Hand und schaute ihr traurig in die Augen.

„Katja, mein Engel, ein neuer Auslandseinsatz steht an. Wir werden uns eine Zeit lang nicht sehen können. Ich werde dich, sobald ich in Indien angekommen bin, anrufen. Lass uns den heutigen Abend noch einmal richtig genießen. Katja, ich liebe dich, bitte warte auf mich."

Sie brachte kein Wort heraus, so sehr versperrte ihr ein Kloß den Hals und ihre Augen wurden feucht. Der Abschied fiel beiden schwer.

Tatsächlich rief Reinhard sie nach vierzehn Tagen an, doch nicht aus Mumbai, sondern aus Wuppertal.

„Kleines, ich denke Tag und Nacht an dich. Das Klima hier macht mir zu schaffen", sagte er. „Schwitzen? Und wie! Ich habe mir gestern ein Palästinensertuch gekauft. Wie ich damit aussehe? Zum Lachen! Aber es hilft bei der senkrecht stehenden Sonne", beantwortete er ihre Fragen und hielt die Illusion aufrecht. „Was? Die Verbindung ist so schlecht, kannst du mich gut verstehen?", zog er sich aus der Affäre, wenn das Gespräch ihm zu heikel wurde. Er erzählte ihr vom Sonnenschein und dass er lieber mit ihr auf Sylt wäre als hier – und das war nicht einmal

richtig gelogen, tatsächlich wäre er überall lieber gewesen als im Gefängnis.
„Natürlich holen wir das nach! Ich komme bald zurück, der Schaden an dem Brückenfeiler ist so gut wie behoben“, schloss er das Gespräch schließlich.

Von einem seiner früheren Einsätze in Indien hatte er für Mathilde, seine Verflossene, einen Schlangenring in Rotgold mit einem echten Rubin als Reptilienauge und einen hellblauen, mit Silberfäden durchzogenen Seiden-Sari mitgebracht. Mathilde hatte nicht auf ihn warten wollen und war eine neue Beziehung eingegangen. Nun sollten diese schönen Dinge seiner Katja gehören, womit er seine Verlobung einläuten wollte.
Als Täuschungsmanöver für seinen Indienaufenthalt suchte Reinhard nach seiner Haftentlassung mehrfach ein Solarium auf, um Katja sonnengebräunt gegenüber zu treten.
Anstaltsluft bleicht die Haut und lässt sie wie ein Bettlaken erscheinen. Auch etwas schlanker war er geworden, was er dem Schwitzen unter indischer Sonne anlastete, die auch an seinen hellen, im Salon fabrizierten Haarsträhnchen schuld war.
Mehrmals täglich duschte er, um den absurden Gedanken loszuwerden, Katja könnte die Kerkerluft riechen. Ein orientalischer Duft for Men rundete die Sache ab. Jetzt hätten ihn nur noch das Dengue-Fieber oder Malaria treffen können und das Alibi wäre nicht mehr zu widerlegen. Nur ein verhängnisvoller Satz von ihm, ließ ein Wiedersehen zum Abschied werden: „Der Regen und die Kälte der letzten Wochen haben mich seelisch sehr belastet.“

***

Erdbeeren pflücken

Zahnschmerzen trieben Lara in die Zahnarztpraxis von Dr. Keller. Dieser hatte für die Zeit seines Urlaubs einen Stellvertreter, Dr. Stolz, engagiert. Gottfried, Laras Ehemann, hatte sie im Streit geschlagen, rasend vor Eifersucht, sodass ihr ein Frontzahn abbrach. Als Unfallursache gab Lara einen Kotelettknochen an, obwohl sie eine leichte Schwellung an der Oberlippe hatte. Schon lange wollte sie sich von diesem Wüterich trennen, doch seine Reue, „Verzeih, es kommt nie wieder vor, bitte bleib",

ließ sie diesen Plan vergessen. Ja, dieser Dr. Stolz, er wäre so ihr Typ. Wie sanft er sie behandelte. Dieser Mann ging ihr einfach nicht mehr aus dem Kopf.

Monate später traf sie ihn auf der Königstraße, vor einem Café sitzend. Ein kurzes „Hallo" und sie war schon an ihm vorbei, als sie hörte: „Darf ich Sie auf einen Kaffee einladen?"

Lara drehte sich um und fragte: „Meinen Sie mich?"

„Ja, Sie!"

Es kam zu einer netten Unterhaltung, in deren Verlauf sie von einer für Sonntag geplanten Fahrradtour an den Rhein – linksrheinisch –, sprach.

„Fahren Sie allein?", fragte er.

„Ja, Erdbeeren pflücken."

„Da komme ich mit", sagte er ganz spontan, meinte es aber nicht ernst.

„Gern!" Lara sah ihn an und dachte, das wäre die Gelegenheit.

„Wir treffen uns hier um zwölf Uhr, einverstanden?"

Bis Sonntag waren es noch drei Tage: Zeit genug, den Korb für sonntags im Keller zu deponieren, gefüllt mit einer Flasche Sekt, zwei Gläsern, ein paar Keksen, einer kleinen Decke und einem Geschirrtuch, außerdem einem kleinen Körbchen für die Erdbeeren. Sie wollte Dr. Stolz mit einem romantischen Picknick überraschen.

Lara überlegte, wie sie das Haus unbehelligt verlassen könnte. Eigentlich müsste es klappen, auf seinen geliebten Frühschoppen hatte Gottfried noch nie verzichtet. Exakt um elf Uhr verließ er immer das Haus. Was aber, wenn er diesmal, wie es gelegentlich vorkam, Abgelaufenes vom Vortag aus dem Eisschrank isst und sein so überempfindlicher Magen streikt, dann jammernd im Bett liegen bleibt und den Schwerstkranken mimt? Dann müsste sie ihr heißersehntes Date sausen lassen.

Doch das Schicksal meinte es gut mit ihr. Gottfried saß rund und gesund am Frühstückstisch. Lara versuchte, den Kaffee so gelassen wie möglich einzuschenken. Ungeschickt stellte sie die Tasse ab und der Kaffee ergoss sich über die Tischdecke.

„Was ist los mit dir, warum bist du so schusselig, Lara?“

„Nichts! Ich werde es, nachdem du gegangen bist, in Ordnung bringen.“

Mittlerweile stand der Uhrzeiger auf halb zwölf. Als sie allein war, holte sie rasch ihr Fahrrad mit dem Korb aus dem Keller und fuhr so schnell sie nur konnte zur verabredeten Stelle.

Schon von weitem sah sie ihn. Angekommen, machte sie den Vorschlag, Richtung Friemersheim zu radeln. Vorbei an Wiesen und Feldern legten sie am Rheinufer eine Pause ein. Lara breitete ihre Decke aus. Sie sah ihn an und vor lauter Glück überkam sie eine angenehme, wohlige Wärme. Mit einem Lächeln auf dem Gesicht, sagte sie: „Mein Name ist Lara und ich würde mich freuen, wenn Sie mich bei meinem Vornamen nennen würden.“

Dr. Stolz blieb eher zurückhaltend, lächelte sie an und sagte etwas zögerlich: „Einverstanden, ich heiße Roman.“ Weiter gab er nichts von sich preis.

Sie stießen mit den Sektgläsern an und ein flüchtiges Küsschen folgte. Lara war völlig aufgewühlt, redete wie ein Wasserfall und bemerkte nicht, dass ein Pärchen des Weges kam und der Mann sie grüßte. Es war

ein Freund ihres Gatten. In dem Moment wusste sie, was sie erwartete, wenn Gottfried davon erfuhr. Schweigen machte sich breit und dunkle Schatten legten sich über diesen sonnigen Tag. Ohne eine Erklärung abzugeben, drängte sie zum Aufbruch und hatte vergessen, warum sie eigentlich in diese Gegend geradelt waren. Erdbeeren pflücken. Das Körbchen blieb leer.
Es sollte bei diesem ersten Treffen bleiben. Der nächste Urlaub kommt bestimmt und mit ihm Dr. Stolz nächste Urlaubsvertretung bei Herrn Dr. Keller. Wer weiß? Kommt Zeit, kommt Urlaub.

***

Nicht jeder Adler ist ein großer Vogel

Wie glücklich war Dominik, als seine Mama mit ihm in eine neue Wohnung am Stadtrand von Berlin gezogen war. Endlich hatte Elli Bartels es geschafft, sich von ihrem gewalttätigen Ehemann zu trennen. Jetzt sollte alles besser werden. Kaum ein Tag, vor ihrem Auszug, war vergangen, an dem Berni nicht unter Alkoholeinfluss gestanden hatte, nur um dann verbal oder körperlich gegen sie vorzugehen. Anfangs war es nur ein Intervall-Besäufnis außerhalb seiner Dienstzeit. Als Dachdecker war er sehr gefragt und konnte sich Alkohol-Eskapaden nicht erlauben. Dennoch trennte sich sein Arbeitgeber von ihm, als Aufträge ausgeblieben waren. Arbeitslosigkeit, wenig Geld und Langeweile ließen ihn immer öfter zur Flasche greifen.
Schon lange reifte in Elli der Gedanke, mit ihrem Jungen fortzugehen. Seine ständigen Demütigungen und Nörgeleien, auch Dominik gegenüber, waren ihr unerträglich geworden. Einmal schloss er den Jungen, benebelt wie er war, im Keller ein, um, wie er sagte, ihn abzuhärten. Er sollte ein richtiger Kerl werden.

Das Gegenteil war eingetreten. Dominik wurde immer wortkarger, er weigerte sich, zu essen und verlor an Gewicht, auch seine Schulnoten waren abgestürzt. Seine Angst vor Kellerräumen war mit ihm gewachsen. Frau Bartels kannte den Grund und suchte verzweifelt nach einer Lösung. Resignation, Wut und Trauer hatten von ihr Besitz ergriffen. Doch das Fass war übergelaufen, als Berti wieder auf seine Frau losgegangen war. Dominik wollte seiner Mutter helfen, doch sein Vater hatte ihn weggestoßen und er war unglücklich auf die Kante der Heizung gefallen. Sein Steißbein war verletzt und tagelang konnte Dominik nicht sitzen und musste der Schule fernbleiben.

Jetzt war in Elli Bartels eine Kraft explodiert. Sie fuhr zum Altenheim, in dem sie als Altenpflegerin tätig war, und bat die Heimleiterin ihr mitzuteilen, sobald ein Neuzugang ins Heim einzog. Denn dann würde die Wohnung desjenigen frei werden und auf diese hoffte Elli.

Sie hatte Glück, schon nach einem Monat konnte sie unweit ihrer Arbeitsstätte eine kleine Wohnung im Erdgeschoss eines Vierfamilienhauses besichtigen und sagte zu. Bei Bedarf wolle man ihr einiges an Mobiliar überlassen.

Sie sah wieder Licht am Horizont. Dominik hatte nach kürzester Zeit in der neuen Schule Freunde gefunden. Mit Frederik verstand er sich am besten. Immer öfter verabredeten sich beide am nahegelegenen Bolzplatz am Eichenwäldchen. Vor dem Haus spielen durften sie nicht, weil es dem Nachbar-Ehepaar Adler missfiel. War Dominik früher aus der Schule gekommen, hatte er den Tisch gedeckt und Kaffee gemacht. Trotz seines jungen Alters von zehn Jahren und zart von Gestalt, war er mental ein ganz Großer. Frau Bartels genoss die Zweisamkeit und Ruhe mit ihrem Sohn, ohne auch nur einen Gedanken daran zu verschwenden, dass dies nicht für immer sein könnte. Manchmal kamen ihr die Tränen ob ihres Schicksals. Diese verbarg sie geschickt vor ihrem Jungen; klappte es

nicht, war auch mal eine geschälte Zwiebel schuld daran. Doch Dominik war ein kluges Kerlchen und sagte: „Mama, du hast doch mich!“ und sie nahm ihn in den Arm und drückte ihn ganz fest an sich.
Ihre direkten Nachbarn waren Konrad und Käthe Adler, ein altes, kinderloses Ehepaar. Schon bald bemerkte Elli, dass Herr Adler ein unangenehmer Zeitgenosse war. Obwohl Frau Bartels die Hausordnung korrekt einhielt, beobachtete sie ihn, wie er als Hausmeister von eigenen Gnaden ständig durchs Treppenhaus schlich, mit seinen klobigen Fingern über Bilderrahmen und zwischen Geländestäben fuhr, um wieder einen Grund zum Nörgeln zu finden. Sein Credo lautete: „In diesem Haus herrscht Ordnung und Sitte, basta!“
Die meiste Zeit verbrachte er in seinem Keller. Was er dort machte, war nicht einmal seiner Frau, geschweige denn anderen Hausbewohnern bekannt.
Dominik fürchtete sich vor diesem Mann und seinem finsteren Blick, für den Freundlichkeit und ein Lächeln Fremdwörter sein mussten, und ging ihm aus dem Weg.
Trotz aller Nörgeleien dieses Herrn ermahnte Elli ihren Sohn, Herrn Adler freundlich zu grüßen, falls er ihm begegnet. Diesem Mann ein Lächeln abzuringen, blieb allerdings vergebliche Liebesmühe.
Ein Musikstudent aus dem oberen Stockwerk war bereits ausgezogen, weil sein Klavierspiel diesen Menschen am Tag störte. Das Husten und Keuchen der älteren, asthmakranken Dame aus der ersten Etage störte ihn so sehr, dass er ihr den Vorschlag machte, an die Nordsee zu ziehe; des reinen Klimas wegen. Stets betonte er: „Es war nur Spaß.“
Seine Frau Käthe bekam Frau Bartels so gut wie nie zu Gesicht, manchmal bewegte sich die Gardine und sie konnte sie erahnen. Gelegentlich sahen Nachbarn Frau Adler im Supermarkt. Sie erweckte den Eindruck, nicht gesehen werden zu wollen und huschte zwischen den

Regalen hin und her. Gekauft hatte sie sehr wenig, schaute nervös auf die Endsumme im Display der Kasse und suchte nach passendem Geld in ihrem Portmonee.
„Herr Adler war nicht immer so“, sagte Frau Birkel, eine Bewohnerin des Hauses. „Vor einem Jahr war er von der Firma, einem holzverarbeitenden Betrieb, mit fünfundfünfzig Jahren in den Vorruhestand entlassen worden und hat es bis heute nicht verkraftet. So ist er in die Rolle des Haustyrannen geschlüpft.“
In Gegenwart seiner Mama und seines Freundes Frederik nannte Dominik ihn nicht Adler, sondern den Hausgeier. Nur mit Frederik konnte er über diesen seltsamen Vogel reden. Gestern kam Dominik schon gegen elf Uhr von der Schule nach Hause, Stunden waren ausgefallen. Die Zeit bis zur Rückkehr seiner Mama wollte er für ein paar Runden auf seinen Skatern nutzen. Er ging in den Keller, um sie zu holen. Als er Herrn Adler husten hörte, rannte er, von Furcht getrieben, die Kellertreppe so schnell er konnte hinauf. Da seine Neugier so groß war, schlich er sich jedoch erneut hinunter. Ein Lichtstrahl kam aus dem Raum und fiel auf den Gang. Durch einen Türspalt sah er erst nur den Rücken des Geiers, doch als dieser sich umdrehte, erkannte Dominik, dass er eine Art Messer in der Hand hielt und dieses an einem an der Wand befestigten Lederriemen wetzte. Dann nahm er eine Kartoffel aus dem Korb und schnitt diese durch, wobei der grinste und zu sich selbst sprach: „Die wird sich wundern, wozu ich fähig bin.
Wie erstarrt blieb Dominik stehen, vor Schreck hatte er vergessen, was er im Keller wollte, schlich leise von dannen und ging in die Wohnung. Hastig schloss er hinter sich die Wohnungstür, Angst überkam ihn, so griff er zum Hörer und rief Frederik an. Ganz verzweifelt war er, sprach laut vor sich hin: „Nun geh' schon dran Frederik“, aber es schien

niemand da zu sein. Da er sich nicht mehr aus der Wohnung traute, ging er in sein Zimmer, legte sich ins Bett und schlief ein.

Seine Mutter war erstaunt, ihn im Bett vorzufinden und fragte: „Dominik, was ist mit dir, bist du krank?“ Stumm blickte er vor sich hin. Sie würde ihm doch nicht glauben, was er gesehen hatte. So hatte er sich vorgenommen, ihr nichts zu erzählen.

Wie gewohnt trafen sich Dominik und Frederik am nächsten Tag auf dem Bolzplatz. Auch Frederik war sein sonderbares Verhalten aufgefallen und löcherte ihn mit Fragen. Schließlich gab Dominik nach und erzählte ihm, was er gesehen und gehört hatte. Frederik wollte ihn beruhigen mit den Worten, dass der starre Blick des Geiers vielleicht darauf schließen ließ, dass dieser ein Glasauge hatte, so wie sein Opa.

Doch beide ließ das Gesehene nicht los. So schmiedeten sie für die nächsten Tage einen Plan, nach dem sie nach der Schulzeit in den Keller schleichen wollten, um nach dem Rechten zu sehen. Doch vergeblich. Bis kurz vor Heiligabend haben sie den Geier nicht mehr im Keller gesehen, zumindest nicht in den Nachmittagsstunden.

Weihnachten und Sylvester verbrachten Frau Bartels und Dominik bei den Großeltern. Neujahr waren sie wieder zu Hause. In der Mittagszeit schellte es. Dominik öffnete die Tür und war überrascht, Frau Adler vor sich zu sehen.

„Mama, Frau Adler ist hier!“, rief er.

„Hallo Frau Bartels, mein Mann und ich wünschen Ihnen und Dominik ein frohes, neues Jahr. Wir würden uns freuen, wenn Sie und ihr Sohn heute zum Kaffee kommen würden.“, sagte Frau Adler und ihre Stimme war leise und höflich. Vor Erstaunen blieb Elli der Mund offen stehen.

Schließlich hatte sie sich gefangen und sagte: „Wir kommen für ein Stündchen, danke!“ Sie besorgte Blumen, doch Dominik fühlte sich nicht wohl in seiner Haut.

Elli betrat zum ersten Mal die Wohnung des alten Ehepaars und war ganz überrascht, wie gemütlich es hier war. Der Tisch war liebevoll gedeckt, im Hintergrund war dezent ein Klavierstück von Bach zu hören, selbstgebackenen Käsekuchen und köstlichen Kaffee hatte Frau Adler serviert. Herr Adler hatte sich feiertäglich gekleidet und war so charmant, dass Frau Bartels glaubte, einem Doppelgänger gegenüber zu sitzen. Noch während des Kaffeetrinkens sprang Frau Adler plötzlich auf und sagte: „Frau Bartels, ich muss Ihnen etwas zeigen!“ und war im Schlafzimmer verschwunden. Mit einer etwa dreißig Zentimeter großen geschnitzten Madonna aus Lindenholz kam sie zurück.

„Sehen Sie mal, die hat mein Mann mir zu Weihnachten geschenkt, selbst geschnitzt. Durch den Verlust seiner Arbeitsstelle geht es uns finanziell nicht sehr gut und wir müssen jeden Cent umdrehen. Aber diese Muttergottes wiegt alle Entbehrungen der letzten Jahre auf.“

Frau Bartels war zu Tränen gerührt und Dominik schämte sich seiner Verdächtigungen. Als sie wieder zu Hause waren, sagte Dominik: „Mama, der Adler ist doch ganz nett, mit so etwas hätte dich Papa nie überrascht.“ Beide lagen sich in den Armen und weinten.

„Dominik, das neue Jahr fängt wunderbar an, wir haben liebe Nachbarn dazu bekommen“

„Ja, Mama, ich liebe dich.“

„Wunderbar, unser Adler ist doch ein großer Vogel.“

***

Meine Petticoat-Zeit

Ein leichter Vorwurf lag in meiner Stimme, als ich meine Mutter fragte: „Sag mal, Mama, warum muss ich schon um 23 Uhr zu Hause sein. Ich werde doch bald achtzehn, bin doch erwachsen.“

Dass Marlene und Renate bis 24 Uhr und länger Ausgang hatten, verschwieg ich. Sie waren zwei Jahre älter als ich und Mama glaubte, wir kämen zu dritt nach Hause. Damals sah ich den Unterschied nicht, dass meine Freundinnen junge Eltern hatten und meine Mama mit enormer Lebenserfahrung schon über sechzig war und mich nur beschützen wollte. Außerdem war mein geliebter Papa, fast 70jährig, gerade verstorben.

Es war im Jahre 1955, ich war schon (oder erst) siebzehn Jahre alt. Wiederholt verabredeten wir uns zum Tanzen im *Café Rheinland*, das mittig in Duisburgs City lag, und zu Fuß nur eine knappe halbe Stunde von zu Hause entfernt war. Wenn's am schönsten war, musste ich nach Hause. Geld für die Straßenbahn hatte ich keins, ich machte alles zu Fuß. Ein Auto war für mich noch ein utopischer Gegenstand von einem anderen Stern. Die Straßen waren zwar hell erleuchtet, wenn ich das Tanz-Café verließ, aber menschenleer und ich bestritt meinen Weg allein. So drehte ich mich ständig um, ob mir jemand folgte.

Es war einer dieser herrlichen Sommerabende, als wir drei wieder zum Tanzen ins *Café Rheinland* gingen. Ich hatte mein schönstes Rock 'n' Roll-Sommerkleid an, weiß mit roten Tupfen, weitschwingendem Rock, darunter trug ich einen Petticoat aus Baumwolle, nur aus Rüschen bestehend, den ich zuvor mit Zuckerwasser gestärkt und penibel für ein paar Stunden gebügelt hatte, denn weit ausladend sollte das Kleid aussehen. Wenigstens einen Durchmesser von einem Meter und mehr musste es an den Saumenden haben. Es sollte beim Laufen mit meinem Pferdeschwanz um die Wette wippen. Natürlich trug ich dazu hochhackige rote Rips-Stoff-Schuhe mit weißen Punkten. Farblich ein Pendant zum Kleid.

An diesem Tanzabend lernte ich einen süßen Jungen kennen. Fast hätte ich meine Aufbruchszeit vergessen. Abrupt verabschiedete ich mich von meiner Neueroberung, doch er folgte mir und bot sich an, mich nach Hause zu begleiten. Ich war nicht abgeneigt. Als wir ein paar Schritte gegangen waren, steuerte er auf ein Auto zu und bat mich, einzusteigen. Misstrauen stieg in mir hoch und ich bat ihn, sich erst einmal auszuweisen. Grinsend griff er in seine Gesäßtasche und zeigte mir seinen Ausweis. Martin hieß er, den Nachnamen habe ich vergessen. Heute muss ich lachen, denn was hätte mir dieser Ausweis genutzt, wenn er mich umgebracht hätte.

Ich war sprachlos und platt, einfach alles. Mit zwanzig Jahren schon ein eigenes Auto zu besitzen, es war eher ein größeres Dreirad, eine weiße Isetta mit einem Fronteinstieg. Alles in allem, für mich war es spitze.

Er öffnete die Riesenklappe und so stiegen wir beide ein. Nicht gleichzeitig, das war nicht möglich. Als wir beide, und mein Petticoat, drin saßen, fiel mir mein Wellensittich-Käfig ein, doch da stimmte die Relation, der Vogel konnte wenigstens hin und her hüpfen. So saßen wir jetzt Haut an Haut, das heißt Arm an Arm, in der Isetta. Die nicht zu verhindernde Nähe brachte den jungen Mann schnell auf die Idee, mich küssen zu wollen. Ich wehrte mich ob der Schnelligkeit; ich fand ihn zwar nett, aber so auf Enge umzingelt zu werden, passte mir nicht und ich sagte ihm: „Nie zuvor habe ich einen Mann mit so vielen Armen gesehen. Sie erinnern mich an ein Bild einer indischen Gottheit."

Er ließ von mir ab und lieferte mich zu Hause ab. Hier begann mein Freiheitsdrang. Wir trafen uns erneut, diesmal wollte er mir den Hundefriedhof zeigen, der mitten in unserem Stadtwald an der Autobahn liegt. Als ich im Wald keine menschliche Stimme mehr vernahm, gingen bei mir die roten Lampen an und ich machte kehrt. So verlor sich die Bekanntschaft im Sande, die noch gar nicht begonnen hatte.

Gott sei Dank, sonst hätte ich Freddy vielleicht nie kennengelernt. Heute muss ich schrecklich darüber lachen.

Die zwei Gesichter des Herrn Petersen

Durch meinen Umzug aus der Stadt ins Dorf, stand auch eine berufliche Veränderung ins Haus. So fing ich in der benachbarten Stadt Moers in einer Miederwarenfabrik als Kontoristin an. Es war ein Flachbau mit dem Logo einer weiblichen Silhouette und der Aufschrift *Exquisit*, die abends an der Frontfassade leuchtete. Im Parterre war eine große Nähhalle mit zwanzig Nähmaschinen, die von Näherinnen bedient wurden. Zu ihren Aufgaben gehörte das Zusammennähen der zugeschnittenen Stoffteile, die zu zarten Gebilden mutierten, eben Büstenhaltern und Miederhöschen.

Durch Glaswände abgetrennt war das Büro von Herrn Servatius Petersen zu sehen, den einige Angestellten „Zerva" nannten und Leiter dieser Abteilung war. Er war mittleren Alters, groß gewachsen, von hagerer Gestalt und sehr wortkarg. Ob physisch oder mental: Distanz war sein oberstes Gebot. Es fiel auf, dass er einen sehr großen Kropf besaß, der beim Sprechen und Schlucken rauf und runter hopste und aussah wie eine mit Haut überzogene Walnuss. Ich konnte nicht anders: Statt ihm in die Augen zu schauen, starrte ich nur auf dieses Ungetüm. Es war mir peinlich. Von nun an nannte ich ihn, zumindest zu Hause, wenn die Sprache auf ihn kam, „Pelikan". Mit Argusaugen begutachtete er jedes Teil auf saubere Nähte. Ohne seine Kontrolle verließ kein Büstenhalter oder Miederhöschen die Firma.

Er kam morgens mit dem Bus der Linie 60 und war der erste, der mit einem freundlichen „Guten Morgen" unseren Pförtner Herrn Peters begrüßte. Abends um 17.30 Uhr verließ Zerva pünktlich sein Büro. Bei der Pförtnerloge angekommen, zog er seinen Hut und sagte: „Auf Wiedersehen, Herr Peters." Der Telegrammstil war sein Metier. Sein Kollege, im selben Haus wohnend, berichtete, dass stets um 23 Uhr bei Petersen das Licht erlosch.

Die Büroräume, in denen das Rechnungswesen untergebracht war, lagen im ersten Stock. Dort hatte ich mein Büro. Mindestens einmal am Tag brachte ich Herrn Petersen Lieferscheine zur weiteren Bearbeitung. Nie vergaß ich auf dem Rückweg in der Nähstube bei Charlotte, einer 20-jährigen Näherin, anzuhalten. Ihre flippige Art sich zu kleiden und ihr ehrliches, offenes Wesen faszinierten mich und so freundeten wir uns an. Ihr Faible galt ausgefallenen Schuhen. So kam sie jeden Morgen auf hochhackigen Pumps angetrippelt, wobei ihr höchster Absatz von zehn Zentimetern für mich Hochgebirgscharakter mit Absturzgefahr besaß. Passend zu ihren Outfits besaß sie Schuhe in allen Farben, mit exquisitem Design, kostbarem Nappa- oder Lackleder; nichts war ihr zu teuer. Am Arbeitsplatz trug sie flache Latschen, um das Pedal besser bedienen zu können. Ihre Pumps stellte sie immer neben der Maschine ab.

Auch Petersen blieb ihre Schuhmanie nicht verborgen. So fragte er sie eines Tages: „Fräulein König, wo bekommt man so fantastische Schuhe?“

„In Düsseldorf, in der Schadow-Passage“, sagte Charlotte.

Charlotte und ich trafen uns in der Mittagspause in der Kantine. Petersen saß ein paar Tische weiter allein vor seinem Milchreis mit Zimt und Zucker.

Es gehörte bei uns schon zur Tagesordnung, wenigstens einen Satz über Petersen zu verlieren. Dabei achteten wir stets darauf, dass er nichts mitbekam. Nach seiner gestrigen Schuhfrage machten wir uns Gedanken darüber, welches Interesse dahinter stecken könnte. Wir konnten uns absolut nicht vorstellen, dass er eine Frau oder Freundin hatte, die solche Pumps trug, und tippten eher auf derbe Wanderschuhe zu einem regen- und windundurchlässigen Parka.

Nach der Pause brachte ich Petersen neue Lieferscheine. Verdammt schlecht sah er aus. Plötzlich fiel er nach vorn auf seinen Schreibtisch, hechelte wie ein Hund mit Hitzestau und rang nach Luft. Sein Kropf wippte immer schneller auf und ab.

„Schnell, mein Spray!“, schrie er ächzend.

„Welches Spray? Wo finde ich es?“, rief ich überfordert zurück.

„In meiner Aktenta...!“, röchelte er.

Atmete er noch, fragte ich mich, während ich mit zittrigen Händen versuchte, die Tasche zu öffnen, was mir auch gelang. Verwirrt sah ich auf einen roten Büstenhalter mit rotem Seidenhöschen. Unter den Reizutensilien unserer Hausmarke fand ich das Sprayfläschchen, schloss schnell die Tasche und reichte ihm die Medizin.

Schnell erholte sich Petersen. Den ganzen Tag kreisten meine Gedanken weniger um seine Gesundheit, sondern um diesen Tascheninhalt, wobei mir sogar das Wort Diebesgut einfiel. Ich fing an, ihn in einem anderen Licht zu sehen. Aber in welchem?

Eine Woche später traf ich mich abends mit Charlotte zu einem Kinobesuch am Duisburger Hauptbahnhof. Wir sahen uns den alten Klassiker „Vom Winde verweht“ an. Völlig emotionsgeladen verließen wir am Ende des Films das Kino und schlenderten über den Bahnhofsvorplatz. Ganz realitätsentrückt sah mich Charlotte schmachtend an.

„He, guck nicht so blöd, ich bin nicht Rhett Butler“, sagte ich. „Sieh mal nach vorn, die Dame in dem eleganten Kostüm. Sie hat die gleichen hochhackigen, roten Lackschuhe an, die auch du besitzt. Sieh’ dir das an, wie die eiert“, lachte ich leise.

Wippend war ihr Gang, als habe sie zwischen Brust und Becken eine Sprungfeder. Es erinnerte mich an die Wackelente in der Fußgängerzone, auf der die Kinder schaukelten.

Die Dame blieb vor einem Abfahrtsplan stehen. Jetzt sah ich sie im Profil. Ich erschrak und erkannte den Petersenschen Kropf und so schoss es aus mir heraus: „Pelikan!“
Es war Petersen. Charlotte und ich sahen uns geschockt an. Servatius Petersen ist also eine Transe. Unsere Gefühle zwischen Mitleid und Unverständnis wechselten sich ab. Wir behielten dieses Geheimnis für uns. Er ist eben auch nur ein Mensch.

***

Es geschah in Schardscha am hellllichten Tag

Tauchen, ja, Tauchen war Freddys liebstes Hobby. Viel Bewegung war sein Lebenselixier und es gab keine Sportart, die er nicht schon ausprobiert hatte. Nun wollte er auch die Welt unter Wasser kennenlernen. Dem stand nichts im Wege, denn er war gesund und hatte einen durchtrainierten Körper. Obwohl er schon siebenundvierzig Jahre zählte, machte er 1987 eine Tauchausbildung und bekam 1988 seinen Sport-Tauchschein.
Seine ersten Tauchgänge unternahm er in heimatlichen Baggerseen. Doch in der trüben Suppe, wie er sie nannte, machte ihm das Tauchen bald keinen Spaß mehr. Von da an führten uns unsere Sommerurlaube in verschiedene Länder wie Menorca, die Türkei, Kuba, Ägypten, Bali. Von der Artenvielfalt und den Farben unter Wasser schwärmte er jedes Mal, wenn er wieder auftauchte.
Jetzt stand Korsika auf unserem Urlaubsplan. In Porticcio bei Ajaccio mieteten wir ein Appartement in Strandnähe. Hier gab es eine Tauch-Basis. Acht Männer verschiedener Nationalitäten hatten sich zum Tauchen an diesem Morgen angemeldet, Freddy war auch dabei. In einer Umkleidekabine bekamen sie vom Tauchlehrer passende

Neopren-Anzüge, Schwimmflossen, Taucherbrillen, einen Bleigürtel, dessen Gewicht auf jeden Taucher abgestimmt war und die lebensnotwendige Pressluftflasche mit Lungenautomat.
Ohne selbst zu tauchen, war mein Interesse sehr groß, so durfte ich mit an Bord und bekam ein Plätzchen am Heck, dort, wo die Leiter eingehakt worden war, um ins Meer hinab- oder hinaufzusteigen.
Mit einem Kutter ging es weit hinaus zu einem Korallenriff, an dem der Bootsführer den Anker auslegte. Die Männer saßen zu beiden Breitseiten des Schiffes auf einer Bank und hatten die Pressluftflasche wie einen Rucksack angelegt. Bevor sie die Taucherbrille aufzogen, spuckten sie in diese hinein, rieben die Gläser innen mit den Fingern aus, spülten sie mit Seewasser sauber und wollten damit ein Beschlagen der Brillengläser vermeiden. Jetzt legten sie ihre Brillen an, deren Ränder sich vollständig abgedichtet an der Haut festsaugten.
Nachdem der Tauchlehrer sein Kommando gegeben hatte, ließ sich einer nach dem anderen rücklings mit einer Überschlagrolle ins Meer fallen. An Bord blieben nur der korsische Bootsführer, der im vorderen Teil des Kutters saß und später ein Nickerchen machte, und ich. Für die Zeit des Tauchgangs hatte ich mir einen Reiseführer über Korsika mitgenommen.
Wie lange ein Taucher unter Wasser bleiben konnte, entschied sein Luftverbrauch. Atmete er ruhig und ohne Hektik, verbrauchte er weniger Luft und konnte länger unten bleiben.
Als erster kam ein junger Korse über die Leiter zurück an Bord. Er nahm seine Taucherbrille ab, ließ etwas Wasser hinein laufen und schüttelte sie aus. Plötzlich rollte er mit den Augen und fingerte ungelenk in seiner Taucherbrille herum. Mir wurde ganz komisch bei diesem Anblick. Ein Wort auf Französisch fiel mir ein, das er verstand. Ich sagte: „Malade?“
Er schüttelte seinen Kopf und fuhr mit einem Finger ununterbrochen in sein Auge, als ob etwas nicht stimmte. Schlagartig wurde mir klar, dass er

seine Kontaktlinse suchte. Wiederholt griffen seine Finger in die Brille, in der er sie vermutete. Nichts. Da er diese aber vorher ausgeschüttelt hatte, müsste die Linse auf den Boden gefallen sein, worauf er auf Knien nach ihr suchte. Ich folgte seinem Gebaren erst mit meinen Blicken, ehe ich mich seinem Suchen anschloss und so rutschten wir gemeinsam auf dem Schiffsboden hin und her, um nach der verschwundenen Linse zu suchen, die sich vermutlich durch den Sog beim Abziehen der Brille gelöst hatte. Wäre es nicht so ernst gewesen, hätte ich dies für eine Situationskomik gehalten und mich schlapp gelacht. Leider hatten wir sie nicht gefunden. So war es für ihn ein teurer Tauchgang. Der Bootsführer schlummerte friedlich vor sich hin und hatte von alledem nichts mitbekommen.

Allmählich kam einer nach dem anderen wieder gesund an Bord, auch Freddy. Den Rest des Tages verbrachten wir gemütlich beim Snack am Strand und Freddy erzählte mir von seinen Erlebnissen unter Wasser.

Für das kommende Jahr sparten wir für einen Urlaub in den Vereinigten Arabischen Emiraten. Einmal die Souks mit ihren märchenhaften Basaren kennenlernen. Mit der Emirates Airlines flogen wir am 26. April 1995 nach Dubai am Persischen Golf und waren im Hotel *Lou Lou a Beach* im Emirat Schardscha abgestiegen. Hier lernten wir die Tauchlehrer Katharina und Farid vom Dubai-Tauchzentrum kennen. Freddy hatte sich für einen Tauchgang am 6. Mai 1995 angemeldet. Es gilt als ungeschriebenes Gesetz, dass keiner allein tauchen darf. So hatte Freddy einen jungen Engländer gefunden, der ihn begleitete. Noch am gleichen Tag verabredeten sie sich zu einem zweiten Tauchgang.

Am nächsten Tag, nach dem Frühstück, legten wir uns am hoteleigenen Strand auf die Liege. Freddy erzählte mir von den Erlebnissen in 28 Metern Tiefe. Vom Frühstückstisch hatte er sich am Tauchtag ein gekochtes Ei mitgenommen, mit der Absicht, dies unten zu verfüttern.

Als ein Zackenbarsch auf ihn zukam, nahm er das Ei mit Schale in die Hand. Schwups, weg war es. Der Zackenbarsch hatte es samt Schale verschluckt, die Schalen kamen direkt zu den Kiemen wieder heraus. Schreck und Freude über das Erlebte lösten sich ab.

Da die Sonne schon im Zenit stand und die Temperaturen auf 40 Grad angestiegen waren, kühlte sich Freddy ab und schwamm weit hinaus, sodass sein Kopf vor meinen Augen immer kleiner wurde und ich erst wieder beruhigt war, wenn er abdrehte in Richtung Land. Ich schwamm da, wo ich noch den Grund sehen konnte. Wir alberten herum und Freddy nahm mich auf den Arm, dies war kein Kunststück, denn das Wasser trug mich. Anschließend machten wir es uns wieder auf der Liege bequem.

Plötzlich sagte Freddy: „Helga, mir wird schlecht, kannst du mir eine Tablette besorgen?“

Ich wollte mich gerade erheben, als ich sah, dass Freddy seine Augen verdrehte und seine Beine und Arme leblos von der Liege herunter hingen. Mein erster Gedanke galt einem Blitzinfarkt. Ich lief zur nahegelegenen Baracke, in der Katharina und Farid Rettungsdienst hatten. Farid tippte auf ein zu schnelles Auftauchen nach zwei Tauchgängen am gestrigen Tag, er faselte etwas von Lungenbläschen und Stickstoff im Blut, durch Nichteinhalten der Dekompressionsphase. Ich verstand kein Wort.

In der Zwischenzeit war Freddy wieder zu sich gekommen. Ein Jeep stand bereit und Farid brachte uns zur Taucherglocke in Hafennähe; eine Dekompressionskammer, in welche Arbeiter, die Schweißarbeiten an Schiffen unter Wasser verrichteten, nach ihrer Tätigkeit für Stunden verweilen mussten.

Ungefähr sechs Stunden lang lag Freddy auf einer Liege in dieser Kammer, ein Arzt betreute ihn. Ich konnte mich von außen über einen

Monitor nach ihm erkundigen und ihn sehen. Danach ging es ihm wieder besser.

Wir bestiegen erneut den Jeep und fuhren zur Kontrolle in eine nahegelegene Arztpraxis, in der der anwesende Arzt ein EKG machte, welches nicht zufriedenstellend ausgefallen war. Er gab uns den Rat, das nächstgelegene Krankenhaus aufzusuchen. Auf dem Weg dorthin klagte Freddy über Schmerzen und Enge in der Brust. Hier angekommen, erfuhren wir, dass keine Aufnahme möglich wäre, da es eine Kinderklinik sei und diese nur über kleine Betten verfüge. Not war geboten. Ein vom Arzt angeforderter Notarztwagen brachte Freddy in die weitergelegene Uni-Klinik *Rashid Hospital* nach Dubai.

In der Aufnahme machte eine arabische Ärztin meterlange EKG-Diagramme und konnte nichts Ungewöhnliches entdecken. Freddy ging es immer schlechter, Schaum bildete sich vor seinem Mund und ich heulte und betete, dass ich ihn lebend nach Hause bringen durfte. Erst ein herbeigerufener Herzspezialist erkannte, dass Freddy einen Hinterwandinfarkt erlitten hatte. Er kam direkt auf die Intensiv-Station.

Schweren Herzens verließ ich ihn und fuhr mit dem Taxi zurück ins Hotel und erkundigte mich an der Rezeption, ob ich unser Zimmer noch länger mieten könnte, denn in zwei Tagen sollte es zurück nach Deutschland gehen. Noch ein paar Tage dürfe ich in dem Zimmer bleiben, dann müsse ich mir eine neue Bleibe suchen, da das Hotel voll belegt sei, gab man mir zu verstehen. Von da an schlief ich keine Nacht mehr durch, nur noch in Intervallen.

Am nächsten Morgen bestieg ich vor dem Hotel ein Taxi mit einem Pakistani am Steuer. Ich fühlte mich nicht mehr wohl in diesem Land. Misstrauisch beäugte ich den Fahrer und merkte mir jedes Haus, das wir passierten, die Maktoum-Bridge, die wir überquerten, und versuchte mir

Straßen-Schilder zu merken, die das Rashid-Hospital anzeigten. Dabei tat ich so, als ob mir die Gegend nicht fremd sei.

„Woher kommen Sie?", fragte mich der Taxifahrer.

„Aus Deutschland", antwortete ich.

„Oh, aus Deutschland?", dann nannte er einen Namen, den ich nur mit den Initialen A. H. hier angeben möchte, wobei er hinzufügte: „Guter Mann!"

Um jeglicher Diskussion aus dem Weg zu gehen, sagte ich nur: „Den kenne ich nicht!"

Bei späteren Taxi-Fahrten mit den fremdländischen Fahrern log ich, wenn sie mich fragten, ob ich Tourist sei. Ich erzählte ihnen, dass ich schon länger in Dubai wohnen würde und mein Mann hier tätig sei. Ich hatte einfach Angst, nicht im Krankenhaus anzukommen, da ich, vom Hörensagen und aus damaliger Sicht wusste, dass ich – blond und mollig – womöglich in ein typisches Beuteschema passen könnte. Erst später hatte ich in Erfahrung gebracht, dass es in Dubai weniger gefährlich zuging, als ich mir bis dahin eingeredet hatte.

Im Krankenhaus musste ich mich ausweisen und bekam von einem jungen Mädchen einen Passierschein ausgehändigt. Sie war in arabische Stoffe gehüllt und ihre Hände mit Hennafarben bemalt. Um auf die Intensivstation zu gelangen, musste ich an einem bewaffneten Polizeiposten vorbei, als plötzlich ein Arzt und eine Krankenschwester mit medizinischen Geräten an mir vorbeieilten. Ihr Ziel war Freddys Zimmer.

Mir blieb fast das Herz stehen, es kann auch sein, dass es raste, ich weiß es nicht mehr. Wie in Trance ging ich mit bleischweren Beinen den Krankenhausflur entlang. Das gleiche Gefühl der Ohnmacht hatte ich vor dreißig Jahren, als ich an einem kalten Novemberabend einen Anruf vom Marienhospital in Duisburg erhalten hatte. Eine Nachtschwester teilte

mir mit, dass es mit Mama zu Ende ginge und ich doch sicher noch Abschied nehmen möchte. Hier im fremden Land wiederholte sich dieser schwere Gang über den langen Krankenhausflur. Ein Déjà-vu?
Als ich Freddys Zimmer erreicht hatte, blieb ich vor der Tür stehen, meine Lippen zuckten und leise hörte ich mich sagen: „Oh Gott, nicht schon wieder."
Mit zitternder Hand drückte ich die Klinke herunter und öffnete die Tür einen Spalt, der mir einen Teil des Zimmers freigab. Ich traute meinen Augen nicht: Freddy saß aufrecht im Bett. Sein Gesicht, das noch am Vortag von einer Atemmaske bedeckt gewesen war und erschreckend auf mich gewirkt hatte, war wieder ganz das alte, das mir bekannte Freddy-Gesicht. Er schaute zur Tür und seine Augen gaben mir zu verstehen, dass ich noch auf dem Flur warten sollte. Ich weinte und mein Körper hatte plötzlich das Gewicht einer Feder.
Freddy erzählte mir, dass sein junger, arabischer Bettnachbar einen Herzstillstand hatte und es dem Ärzteteam tatsächlich gelungen war, ihn wiederzubeleben.
Nach elf Tagen sagte mir Dr. Yazbak, dass Freddy mit dem Notarztwagen in die Privatklinik *Al Zahra Hospital* nach Schardscha gebracht und dort bis zur Genesung weiter behandelt werden würde. Jetzt hatte ich es näher zu ihm. Er hatte ein Einzelzimmer und als er von Dr. Gomaa, einem ägyptischen Arzt, untersucht wurde, war das Thema aufgekommen, dass ich mein Zimmer im Hotel räumen müsste. Er bot sich sofort an, mir zu helfen. Ich könnte bei Freddy im Krankenzimmer auf dem aufklappbaren Schlafsessel ruhen. Al Fred – so hatte man Freddys Namen im Al Zahra-Hospital geschrieben. Al steht im Arabischen für die deutschen Artikel der, die und das. Al Zahra bedeutet die Rose.

Noch am gleichen Abend packte ich im Hotel die Koffer und fragte an der Rezeption, wie teuer ein Taxi mit Gepäck zum Al Zahra-Hospital ist. Man sagte mir den Preis mit dem Hinweis: „Geben Sie nicht mehr!“

Ich rechnete noch ein Trinkgeld dazu und bat einen Taxifahrer, mich zum Al Zahra-Hospital zu fahren. Er erinnerte mich an eine Radierung Abrahams aus der Bibel, denn er trug einen langen, rötlichen Bart, ein orientalisches Käppchen (Taqiyya) und ein erdfarbenes, langes Gewand (Kandura) mit farbgleichem Hirtenumhang.

Als ich in den späten Abendstunden am Krankenhaus ankam und dem Fahrer das Geld entgegenhielt, schaute er mich entgeistert an und forderte das Dreifache. Obwohl es dunkel war und ich allein vor ihm stand, ließ ich mich nicht einschüchtern und sagte mit festem Ton: „Nein!“

„Ich helfe Ihnen beim Ausladen der Gepäckstücke!“

Innerlich schwankte ich hin und her. Ohne etwas zu sagen, nahm er das Geld und stellte mir die zwei Koffer und die Reisetasche auf die Straße und fuhr davon. Nie zuvor war mir jemals so etwas passiert. Mit großen Augen sah ich dem Taxi hinterher und wusste nicht, ob ich lachen oder weinen sollte.

Bis zum Eingang waren es noch ca. siebzig Meter. Alle Gepäckstücke auf einmal konnte ich nicht tragen. So nahm ich einen Koffer, trug diesen ein Stück weit, stellte ihn auf der Straße ab, holte den nächsten und die Reisetasche und wiederholte diese Prozedur ein paarmal, bis ich im Foyer des Krankenhauses vor dem Fahrstuhl angekommen war. Ich drückte die Taste, er öffnete sich, ich stellte den ersten Koffer hinein und wie von Geisterhand schloss sich die Fahrstuhltür und der Koffer fuhr ohne mich davon. Genervt drückte ich alle verfügbaren Knöpfe auf einmal. Am oberen Rand des Türrahmens waren plötzlich alle Zahlen der Stockwerte erloschen. Hatte ich die ganze Automatik durcheinander gewirbelt? Könnte ein Fahrstuhl sprechen, hätte dieser gesagt: „Eine Verrückte steht vor der Tür."

Lange tat sich nichts. Auf die Idee, jemanden zu rufen, war ich in dem Moment gar nicht gekommen. Unentwegt starrte ich auf das Display am oberen Türrahmen und siehe da, die Zahlen der Stockwerke fingen an zu blinken und verringerten sich von zehn bis null im Erdgeschoss. Die Tür öffnete sich und zum Vorschein kam mein einsamer Koffer. Diesmal stellte ich mich vor die Lichtschranke der Fahrstuhltür, zog die letzten Gepäckstücke hinein und schaffte es ohne Zwischenfall bis zur sechsten Etage, in die ich musste. Nassgeschwitzt kam ich endlich in Freddys Zimmer an.

Gut und weich ledergepolstert saß man in dem Sessel sehr bequem, aber ausgezogen und ebenerdig als Schlafsessel konnte von gut schlafen keine Rede sein. Eine querverlaufende, hölzerne Verstärkungsstrebe malträtierte trotz Lederpolsterung mein Rückgrat. Am Tage setzte sich Freddy in den Sessel und überließ mir zur Entspannung meines Rückens für kurze Zeit sein Bett, doch sobald wir Schritte auf dem Flur vernahmen, sprang ich auf. Nicht auszudenken, hätte mich jemand erwischt, wie ich meinem kranken Mann, einem Patienten, sein Bett streitig machte, das auch noch in Straßenkleidung und in einem arabischen Land, in dem die Frau weniger als der Mann. So schlief ich auf dem aufgeklappten Sessel zu Freddys Füßen, da das Krankenbett auf hohen Stelzen stand und so den Krankenschwestern bei ihrer schweren Arbeit den Rücken schonte.

In den Nachmittagsstunden, wenn Freddy seine Ruhe brauchte, machte ich mich auf den Weg zum Souk in Schardscha oder fuhr mit dem Taxi zum Souk nach Dubai.

Ganze Straßenzüge mit Gewürzen, Gold und Stoffen lassen jedes Herz höher schlagen. Viele Frauen in ihrer Burka gingen an mir vorüber und betraten vornehmlich Goldläden, immer mindestens zu dritt. Um Freddy fröhlich zu stimmen, traute ich mich im Alleingang, einen Herrenausstattungsladen zu betreten. Wie ich feststellte, waren in allen Läden nur männliche Angestellte tätig. Mit ungewöhnlich großen, staunenden Augen schaute mich der arabische Verkäufer an. Ich wollte doch nur für Freddy eine Kandura (ein arabisches langes, weißes Gewand, das auch mein Taxifahrer getragen hatte) und dazu noch eine Kufiya (weißes, quadratisches Tuch) mit der dazu gehörenden, schwarzen Agal (Kordel) kaufen.

Freundlich, zu freundlich, bat mich der Verkäufer, hinter die Theke zu kommen und zeigte weiter auf einen schmalen Vorhang, hinter dem er noch weitere traditionelle Utensilien seines Landes hätte. Nach dem Gewünschten könnte ich selbst in den Schubfächern suchen. Mit meiner westlichen Kleidung, einem bunten Sommerrock, der bis an die Knöchel flatterte, und einer weißen, kurzärmeligen Bluse entsprach ich zwar nicht der Landessitte, aber bei 35 Grad im Schatten fand ich mich angemessen bekleidet. Hinzukam noch, dass ich mich aufgrund meines Alters geschützt gefühlt hatte. Nur war ich allein und das stellte sich als ein Fehler heraus. Ich beließ es also dabei, vor der Theke nach dem richtigen Artikel zu schauen und wurde fündig. Freundlich bezahlte ich, hatte das, was ich gesucht hatte, und verließ den Laden. In einem Stoffladen, auch von Herren geführt, erstand ich noch einen sechs Meter langen Stoff-Streifen für einen Sari. Schon hatte ich auf der Zunge, die Verkäufer danach zu fragen, wie man einen Sari bindet. Ich Konnte mich aber beherrschen, um nicht erneut in einem falschen Licht dazustehen.

Freddy sagte nur: „Du machst Sachen!“

Im Krankenzimmer fand unsere Modenschau unter Ausschluss der Öffentlichkeit statt. Freddy als Scheich Abdullah und ich, seine Hauptfrau Samira, in einen Sari gehüllt, den mir eine freundliche

Krankenschwester professionell ohne Nadel und Faden um meinen Körper legte. So hatte ich Freddy endlich wieder zum Lachen gebracht.
Doch schon der nächste Tag wartete mit neuen Schwierigkeiten. Ich musste zur Deutschen Botschaft, um unser Visum verlängern zu lassen. Irgendwoher hatte ich erfahren, dies ginge nur über die Botschaft in Bahrein, dort sollte ich anrufen. Mit meinem Schulenglisch aus fernen Tagen hätte mein Gesprächspartner qualmende Ohren bekommen. Also erkundigte ich mich an der Rezeption unseres ehemaligen Hotels, wie ich leichter an unser verlängertes Visum komme.
So fuhr ich mit dem Taxi zum Deutschen General-Konsulat nach Dubai. Ich hatte Glück. Dort traf ich den Spezialisten und Vertrauensarzt Dr. Shihabi, er half mir, an neue Dokumente zu kommen. Sämtliche Faxe von Freddys Tauchsport-Versicherung gingen bei Herrn Dr. Shihabi ein.
Für den Rückflug musste ich nur noch für Freddy einen Rollstuhl beim Flughafen bestellen. Ich wusste zwar, was Stuhl auf Englisch heißt, aber Rollstuhl? Ich ließ mir im Büro des Doktors ein leeres Blatt geben und malte abstrakt einen Rollstuhl auf, erfuhr das englische Wort und konnte diesen telefonisch am Flughafen bestellen. Freddy durfte noch keine Treppen steigen.
Am Abflugtag stand am Al Zahra Hospital in Schardscha ein Notarztwagen bereit, der uns zum Flughafen brachte. Dort angekommen, setzte sich Freddy in den für ihn bereitgestellten Rollstuhl, den ich auf eine Rampe schob, die hydraulisch hochfuhr und direkt vor dem Flugzeugeingang stoppte, so brauchte er nur ein paar Schritte zu seinem Sitz gehen. Das war geschafft.
Noch bereitete ihm der sechs Stunden Flug in ca. zehntausend Metern Höhe Sorge, aber auch das hatte Freddy unbeschadet gemeistert. Bei der Landung in Amsterdam Schiphol wartete schon Armin, unser Schwiegersohn. Unsere Wiedersehensfreude mit der Heimat und

unseren Kindern war grenzenlos. Anschließend ging Freddy hier in ein Krankenhaus zur Nachuntersuchung. Es musste ihm ein Stent eingesetzt werden; ein kleines Hohlröhrchen aus Metall und Kunstfaser, das Blutgefäße freihielt. Freddy ist wieder gesund, aber nicht nur gesund, auch krank ist man in den Arabischen Emiraten bestens aufgehoben.
Wir danken den Tauchsportlehrern Katharina und Farid, Dr. Yazbak von der Universitätsklinik *Rashid-Hospital* in Dubai, Dr. Gomaa vom *Al Zahra-Hospital* in Schardscha, Dr. Shihabi vom Deutschen General-Konsulat in Dubai und allen Krankenschwestern für ihre Hilfe in der für uns so dramatischen Situation. Dank gilt auch unseren vielen Schutzengeln.

***

Irrwege des Lebens

Es war der 1. April 1945. Der erste Schultag vieler Kinder. Auf den Straßen unserer Stadt waren Eltern mit ihren Kindern auf dem Weg zur Schule. Auch meine Mutter lief mit mir den Weg an einem Schrebergarten vorbei zur Fröbelschule. Auf dem Schulhof hatten sich schon viele Leute versammelt. Einige Kinder hatten eine Schultüte im Arm und standen stolz vor einem Fotografen, der sich zu der Einschulung eingefunden hatte.
Etwas abseits stand ein groß gewachsenes Mädchen bei einem älteren Paar. Es schaute mich ohne Unterlass an, kam plötzlich auf mich zu und fragte:
„Hat dich auch deine Oma zur Schule gebracht?“
Etwas verlegen sagte ich: „Das ist meine Mutter!“
Sie starrte erst meine Mutter und dann mich an und sagte: „Ich heiße Reni, wie heißt Du?“

„Ich bin die Helga!“
Die Schulglocke läutete und alle gingen ins Schulgebäude, in einen großen Saal. Rektor Pasch und einige Lehrpersonen kamen und hießen uns herzlich willkommen. Nach ein paar Einführungsgesprächen wurden uns die Klassenräume gezeigt, wo wir uns, ohne unsere Eltern, jeden Morgen einzufinden hatten. Reni fragte mich, ob wir nicht zusammensitzen könnten. Ich war einverstanden, aber es kam anders. Da sie sehr großgewachsen war und ich zu den Kleinsten zählte, setzte unsere Lehrerin Reni in die letzte und mich in die vordere Reihe. Das konnte unserer Freundschaft, die hier begann, jedoch nichts anhaben. Erst auf dem Heimweg erfuhr ich, dass Reni nur um die Ecke herum in einem alten Mietshaus mit ihren Großeltern in einem kleinen Zimmer auf der zweiten Etage wohnte. Das Haus war um 1903 erbaut und um die Toilette aufzusuchen, musste man im Treppenhaus eine Treppe nach unten laufen. Das hat mir nicht gefallen. Wir wohnten zwar auch in einem Mietshaus aus der Jahrhundertwende, hatten allerdings drei geräumige Zimmer mit einer Toilette, die gleich in unserem kleinen Flur lag. So empfand ich es schon als Kind unmöglich, dass mich Hausbewohner womöglich im Schlüpfer sehen könnten.
Reni und ich waren unzertrennlich, machten zusammen unsere Hausaufgaben, gingen zur Kirche. Wenn es Zeugnisse gab, verglichen wir unsere Noten und stellten fest, dass diese, bis auf zwei Fächer, gänzlich gleich waren. Ich hatte eine gute Note in Musik und Reni in Sport. Mussten wir uns beim Sport in einer Riege aufstellen, stand sie als Beste ganz vorn links und ich als Letzte ganz rechts.
Reni hatte keine Eltern mehr. Sie waren auf ominöse Weise ums Leben gekommen und weder Reni noch die Großeltern sprachen je darüber. Ihre Großmutter verwöhnte sie mit allem, was sie ermöglichen konnte. Schon mit zwölf Jahren bekam Reni ihre erste Dauerwelle, die 1950

kaum bezahlbar war. Als wir nach acht Schuljahren entlassen wurden, trennten sich unsere Wege. Sie bekam eine Bürostelle in einer großen Maschinenfabrik, ich trat meine Lehrstelle zur Kontoristin in einem großen Modefachgeschäft an. Unabhängig voneinander lernte jeder neue Menschen kennen. Wenn wir uns trafen, erzählte sie mir von Männerbekanntschaften, die ihrem Alter nicht entsprachen. Sie war gerade sechzehn, die Männer schon in den Vierzigern. Diese besuchte sie häufig und wurde von ihnen, sehr zum Leidwesen ihrer Großeltern, oft auch bekocht, sodass sie dort zum Essen blieb und nicht mit ihren Großeltern aß. Viel später machte ich mir einen Reim darauf, ob sie vielleicht einen Vaterersatz suchte. Indes flirtete ich in meiner Altersliga.

Bald darauf verlor Reni auch ihre Großeltern und zog zu einer mir unbekannten Tante. Die Abstände zwischen unseren Treffen wurden mit der Zeit immer größer. Das lag zum Teil auch daran, dass eine größere Distanz zwischen meiner und ihrer neuen Bleibe uns trennte und wir acht Stunden täglich im Büro tätig waren. Über ein privates Telefon verfügten wir beide nicht, aber uns fehlte auch das nötige Kleingeld. Mein Gehalt im ersten Lehrjahr betrug 39 DM und Reni erging es nicht anders.

Hatte Reni doch einmal Zeit gefunden und besuchte mich, sprach sie nie über derzeitige Bekanntschaften. Oft hörte ich, dass sie frei sein wolle, nur den Augenblick zu genießen gedenke. Mittlerweile hatten wir beide das achtzehnte Lebensjahr erreicht.

Bei unserem letzten Treffen erzählte sie mir von einem Kurzurlaub im Sauerland. Danach war sie wie vom Erdboden verschwunden. Drei Jahre später, ich hatte gerade meinen Freddy geheiratet, kam ein Brief aus Kalifornien. Nur der Vorname des Absenders, Reni, ließ mich stutzig werden. Sie hatte in Sacramento einen Joe Kuykendal geheiratet. Ihn hatte sie während ihrer Sauerlandreise kennengelernt. Er war US-Soldat

und im Sauerland auf einer Basisstation der US-Army stationiert. Während des Vietnam-Krieges ging sie mit ihm in die Stadt Saigon, wo er mit der Reparatur von Militärfahrzeugen beauftragt worden war. Fortan blühte unser Briefkontakt. Ihren Briefen lagen stets Bilder bei. Sie schrieb, dass sie in Saigon sehr glücklich sei. Ich hegte Zweifel daran. Anhand der Bilder konnte ich nicht verstehen, wie man in einer Bleibe glücklich sein konnte, die an eine Wellblechgarage erinnerte, rund herum alles Grau in Grau. Ganz sicher war ich mir nicht, ob diese Unterkunft zur Basis der US-Streitkräfte gehörte. Sie schrieb von ausländischen Bediensteten, die ihr jeden Wunsch von den Augen abläsen. Dank ihnen müsste sie nichts tun, während Joe seiner Arbeit nachging.
Als beide wieder in Kalifornien waren, eröffneten sie einen Waschsalon, der gut lief. Doch Reni kam mit dem Gesetz in Konflikt. Die Polizei hatte sie alkoholisiert am Steuer erwischt. In ihrem Zustand hatte sie einen Polizisten angegriffen und war in Gewahrsam genommen worden. Den Führerschein war sie los und hatte ihn auch nie wiederbekommen.
Langsam begann die Ehe zu kriseln, nicht zuletzt weil Joe krankhaft eifersüchtig war; denn Reni hatte Modelmaße: große blaue Augen, einen üppig geschwungenen Mund, der beim Lachen gerade gewachsene, gesunde, weiße Zähne freigab. Da Reni nur auf ältere Männer abfuhr, steuerte ihr Joe auch schon auf die fünfzig zu.
Eines Tages schrieb sie mir, sie habe sich von Joe scheiden lassen. Der Waschsalon war verkauft worden. Doch Joe würde ihr immer noch an verschiedenen Orten der Stadt auflauern. Sie habe Angst. Es dauerte nicht lange, als sie in ihren Briefen von einem neuen Mann schrieb. Sie hatte Jim Blackburn geheiratet, einen ebenfalls älteren Mann zwischen fünfzig und sechzig. Mit ihm betrieb sie einen gutgehenden Snack-Imbiss. Er besaß in Vallejo/Kalifornien ein Haus am Sonoma Boulevard.

Mit ihm hatte Reni endlich ihre Mitte gefunden. Anfang der siebziger Jahre hatte mein Bruder sie mit seiner Familie in Kalifornien besucht. Sie waren von Jim begeistert.

Der Briefwechsel mit Reni wurde immer intensiver. So stand in jedem ihrer Briefe, sie würde sich über meinen Besuch in Vallejo sehr freuen. Irgendwann wollte ich sie besuchen, doch kamen immer wieder finanzielle Engpässe dazwischen. Freddy, mein Mann, und ich sparten kräftig für ein Eigenheim. Den Wunsch nach Eigenbesitz erfüllten wir uns 1978. Unsere 12jährige Tochter Belinda-Lee, die ihren Namen ihrer Patentante Reni verdankte, war ein weiterer Grund, meine Reise nach Kalifornien zwar zu verschieben, aber nicht aufzugeben.

Bestürzt war ich, als ein Brief von Reni kam, in dem sie vom Ableben ihres lieben Jims berichtete. Von einer tödlichen Embolie war die Rede. Jim hatte zu Lebzeiten gut für Reni vorgesorgt. In einer Lebensversicherung hatte er sie, im Falle seines Ablebens, zur Alleinerbin einsetzen lassen. Auf dem Sterbebett musste sie ihm versprechen, für seine alte, ledige Schwester Lucille zu sorgen, die in einer über mehrere Garagen aufgestockten Wohnung im Hof hinter dem Haus lebte und völlig verarmt war. Dieses Vermächtnis löste Reni ein, denn Lucille fühlte sich in ihrer Hofwohnung sehr wohl.

Allein in ihrem großen Haus zu leben, fiel ihr schwer. So schaltete sie eine Annonce in der Zeitung, in der sie die obere Etage ihres Hauses zu einem solventen Mietpreis

anbot. Der erste Mieter, der Interesse zeigte, war ein Schwarzer. Sie lehnte ab, mit der Begründung, nur an Weiße zu vermieten. Der Mann zeigte sie wegen Diskriminierung an. Von da an verzichtete sie auf einen Mieter und ließ die Wohnung leer stehen.

Reni war nach ein paar Jahren des Alleinseins müde und lernte Abe Calvert, einen Maler, kennen. Er war Texaner und lebte auf einem Hausboot auf dem Glenn-Canyon. Reni bat mich in einem Brief, für Abe Malkreide zu schicken. Ich war verwirrt und glaubte, sie lebe in der DDR und nicht in den USA, dem Land der unbegrenzten Möglichkeiten, doch schickte ich ihr dieses Malmaterial.

Nach kurzer Zeit ehelichte Reni diesen Texaner. Aus all ihren Verbindungen war kein Kind hervorgegangen. Als Abe schon nach nur einem Jahr seinen wahren Charakter zeigte und sie schlug, kam ein Brief von ihr mit der Bitte, in einer finanziellen Angelegenheit bei einem Bank-Institut in Deutschland Auskunft zu holen. Sie wollte sich von Abe scheiden lassen, aber er war unauffindbar. Ein Anruf bei seiner in Texas lebenden, blinden Mutter blieb erfolglos, sie wisse nicht, wo ihr Sohn lebe.

Da Reni bei der Eheschließung keine Gütertrennung vereinbart hatte, würde er Nutznießer ihres Erbes werden. In einem Brief schrieb sie, dass sie seinen Aufenthalt jetzt kenne und sich nun scheiden lassen könne.

Zurück blieben ihr zwei zerschlagene Fersen, die er ihr mit einem abgebrochenen Stuhlbein zugefügt hatte. Von nun an, schrieb sie mir, habe sie von Männern genug.

Jetzt widmete sie sich dem Glücksspiel, dem sie schon früher frönte, und begab sich einmal im Monat nach Reno ins Spielkasino. Doch auch hier war das Glück ihr nicht hold. Stellte sich ein Gewinn ein, hörte sie nicht auf und fütterte den einarmigen Banditen erneut, ehe sie doppelt verlor.

Als unsere Tochter Belinda-Lee verheiratet war, kam für mich die Gelegenheit, ihre Einladung anzunehmen und sie zu besuchen. Ich könne in der leerstehenden Wohnung ihres Hauses wohnen. So verband ich diesen Aufenthalt in Vallejo mit einer Rundreise von San Francisco bis zum Yellowstone Nationalpark.

Da ich ohne Begleitung diesen Atlantikflug angetreten hatte, war ich zwar voller Erwartung, konnte eine gewisse Nervosität jedoch nicht abschütteln. Elf Stunden war ich unterwegs und lernte am Flughafen Oakland Renis neuen Lover, so nannte sie ihn, kennen. Ihre Männermüdigkeit war schneller verflogen als meine Atlantik-Überquerung.
Sie hatte mir geschrieben, Charly, ihre Neueroberung, würde mich am Flughafen abholen und trüge am Revers, zur Erkennung, eine kleine amerikanische Nationalfahne. Es war mir peinlich, nicht gleich zu erkennen, dass Reni neben ihm stand. Ich hatte nur Charlys Revers fokussiert. Rene war noch die alte, wie ich sie in Erinnerung behalten hatte. Es folgten abenteuerliche Wochen bei Reni. Fortsetzung folgt!

***

Ich würde es wieder tun

Meine Liebe zu Farben wäre mir fast zum Verhängnis geworden.
Wir schrieben das Jahr 1990. Wo möchten wir in diesem Jahr unseren Urlaub verbringen? Freddy und ich durchblätterten viele Reisekataloge. Plötzlich blieb mein Blick an Korfu hängen. Da möchte ich hin!
„Warum gerade Korfu?“, fragte mich Freddy.
Ich wollte nicht mit der Sprache heraus, um nicht belächelt zu werden wegen meiner romantischen Ader mit zweiundfünfzig Jahren. Doch dann sagte ich: „Wegen Sisi!“
„Welche Sisi, muss ich die kennen?“
„Meine Güte, jeder kennt Sisi, die Kaiserin von Österreich, die war auch auf Korfu und hat dort gebaut – natürlich bauen lassen“, erklärte ich. Sämtliche Filme hatte ich mir angesehen, auch Wiederholungen.

Freddy zog die Augenbrauen und Schultern hoch und sagte: „Meinetwegen“, während er im Hinterkopf hatte, dass er auch dort tauchen könnte. „Taucheranzug und Pressluftflasche kann ich mir leihen. Meinen eigenen Lungenautomaten habe ich immer im Gepäck.“

Wir hatten für Juni gebucht. Nachdem wir die nähere Umgebung auf Korfu zu Fuß durchstreift hatten, mieteten wir uns einen roten Motorroller. Doch bald merkten wir, dass dieser Roller schon bessere Tage gesehen hatte und im Rentenalter war. In einer Haarnadelkurve ging ihm die Luft aus, wir kippten um und ich rollte von der gewölbten Fahrbahndecke in einen Graben.

Freddy rief: „Helga, wo bist du?“

„Hier!“ Weiche Erde, nix passiert. Wir lachten uns schlapp und tauschten den roten gegen einen blauen aus. Es war ein jungfräulicher Roller, der uns ohne Probleme überall hinbrachte. Ganz losgelöst fuhren wir bei herrlichem Wetter am Meer entlang. Schon ein Blick in den Himmel machte mich noch glücklicher. Mehrere bunte Fallschirme zogen am Himmel über dem Meer ihre Bahnen. Winzig klein ein Mensch, der angegurtet an ihm hing. Übermütig sagte ich zu Freddy: „Das möchte ich auch einmal versuchen!“

„Lass das mal lieber, du kannst doch gar nicht schwimmen.“

„Wieso, ich fliege doch oder besser gesagt, ich werde geflogen, außerdem gibt es so viele Matrosen, die auf dem Meer zu Hause sind, nicht schwimmen können und doch noch leben. Im Übrigen trage ich eine Schwimmweste“, widersprach ich. „Wir können auch im Tandem fliegen, oder?“

„Nee, nee, ich mach das nicht“, gab Freddy von sich.

Doch je länger ich dem Treiben am Himmel zusah, desto stärker wurde mein Verlangen, es zu versuchen.

„Lass uns einmal zum Bootsanlegesteg fahren, nur gucken“, bat ich.

Nachdem wir uns die Vorgehensweise angesehen hatten, sagte ich zu Freddy: „Ich mach's auch allein und für dich suchen wir morgen eine Tauchbasis."

Es war um die Mittagszeit, als ich den verantwortlichen, älteren Herrn, einen Griechen, an der Kasse ansprach und für den Rundflug übers Meer zahlte. Ich ging zu zwei jungen Griechen, die für alles weitere zuständig waren. Unter meinen weißen Shorts hatte ich schon meinen Badeanzug an. So sparte ich mir das lästige Umziehen.

Auf dem Bootssteg bekam ich eine Schwimmweste angelegt und stieg in eine Art Gurthose, aus der ich unten nicht herausrutschen konnte. Anschließend wurden mir am Rückengurt die langen Seile des Fallschirms befestigt. Vorn am Gurt war ein langes Seil angebracht, dessen Ende am Motorboot eingeklinkt war, welches mich, losgelöst von der Erde, in die Höhe ziehen sollte. Noch lag der Fallschirm schlummernd hinter mir auf der Wiese. Jetzt hoben drei junge Männer rechts, mittig und links den Fallschirm an, damit er sich besser entfalten konnte. Mein Seil, das mich mit dem Boot verband, lag noch schlaff unter Wasser und ich bekam die Anweisung, sobald das Seil an der Wasseroberfläche sichtbar und stramm würde, nicht zu schnell bis zur Stegkante zu laufen.

Ich sah, wie das Motorboot mit dem Bootsführer und Freddy an Bord losfuhr und rannte los, oh Gott, es war zu schnell, das Stegende war erreicht. Der Bootsmann hatte es kommen sehen und zog mich mit einem Ruck in die Höhe. Gutgegangen!

Bequem in meinem Gurt sitzend stieg ich immer höher, unter mir das glitzernde Meer, das Boot mit Freddy an Bord und über mir der in schillernden Farben von der Sonne angestrahlte Fallschirm und der azurblaue Himmel. Vor Übermut sang ich das Lied „Abendrot" von Franz Schubert: „Oh, wie schön ist deine Welt, Vater, wenn sie golden strahlet."

Doch ich hatte noch nicht die Mitte des Liedes erreicht, als ich bemerkte, dass die Seile zu meiner rechten Seite, die meine Hand umfassten, nicht mehr stramm waren, hin und her schaukelten und ich Schieflage bekam. Es waren plötzlich Wolken aufgezogen.

Unerwartet sauste ich mit dem Schirm – wie mit einem Aufzug – nach unten und klatschte mit meinem Hintern aufs Wasser auf. War es wirklich Wasser auf dem ich gelandet war, dachte ich kurz? So hart kann doch nur Beton sein.

Es war Wasser – von der härtesten Sorte. Einen kurzen Moment tauchte ich unter, kam aber dank meiner Schwimmweste Wasser speiend und prustend wieder an die Oberfläche, ein Chaos von Seilen umzingelte mich, der Fallschirm lag wie ein riesiger, faltiger, alter Lappen unweit von mir auf der Wasseroberfläche und hatte seine farbige, strahlende Magie verloren.Schon hörte ich den Motor des Bootes, an dem ich hing, aufheulen. Der Bootsführer hatte sofort gedreht um mich aufzufischen.

Mit vereinten Kräften zogen er und Freddy mich an den Rückengurten packend wie einen vollen, nassen Sandsack hoch und ließen mich backbord über den Bootsrand - linde ausgedrückt - abrollen. Oh, mein Po, der schon von der unsanften Wasserlandung ein wenig geschädigt war.Gemeinsam fuhren wir zum Landungssteg zurück.Der Grieche an der Kasse war untröstlich und entschuldigte sich bei mir, obwohl ihn keine Schuld traf.

Die Kräfte der Natur trieben mit uns ein böses Spiel. Eine plötzlich aufgetretene Wirbel-Windboe hatte den Fallschirm stark eingedrückt und zu seinem Absturz geführt. Bis auf einen blauen Fleck am verlängerten Rücken war mir nichts geschehen.Wieder einmal Glück gehabt.

Etwas zurückhaltend fragte mich der ältere Herr: „Würden Sie es noch einmal wagen?“ Freddy sah mich kritisch an, doch ich bejahte die Frage. Warum sollte gerade mein Schirm ein zweites Mal getroffen werden, wo doch so viele in der Luft sind?Ich bekam von dem älteren Herrn einen Gutschein über eine doppelte Länge des Fallschirmflugs über das Ionische Meer, wie das Mittelmeer bei Korfu genannt wird.Wir warteten den nächsten Tag ab. Das Wetter war gut, die Luft wie Samt.Ich wiederholte den Flug mit einem noch bunteren Fallschirm. Es war ein wunderbares Erlebnis und ich konnte mein Schubert-Lied endlich zu Ende singen und bei der Längedes Flugs auch wiederholen.

„Oh, wie schön ist deine Welt, Vater, wenn sie golden strahlet, wenn dein Glanz hernieder fällt und den Staub mit Schimmer malet. Wenn das Rot, das in der Wolke blinkt in mein stilles Fenster sinkt.“

Ja, ich würde es wieder tun.

Pizza á la Mama – eine fatale Geschichte

Groß hatte ich posaunt: „Heute gibt’s selbstgemachte Pizza à la Mama!“ Die Familie freute sich. Bisher war sie mir immer gelungen. Der Schnelligkeit wegen, oder auch aus Bequemlichkeit, wie auch immer, kaufte ich bisher einen fertigen Pizza-Frischteig, so auf der Verpackung angegeben, beim Discounter in unserem Dorf. Heute sollte es etwas Besonderes werden. So fuhr ich in die Stadt zu einem großen Supermarkt. Mein Blick fiel auf einen Pizza-Frischteig einer großen Firmenmarke, einer anderen als bisher, welche viele Frischteig-Produkte herstellte.

Wieder daheim bereitete ich alles zu, was mir an Belag zur Verfügung stand, und legte das Backblech mit Backpapier aus. Wie mir geheißen, las ich die Gebrauchsanweisung genau durch. In der Pappschachtel befand sich neben einem Gläschen Tomatensoße auch eine ca. sechzehn Zentimeter lange Papprolle, ein Papier, das sie umgab, musste man an einem Zipfel an der Seitenkante hochziehen. Kaum hatte ich den Papierzipfel zwei Zentimeter angehoben, gab es einen Knall, die Rolle war detoniert und ein dicker

Teigberg, groß wie ein Blumenkohl, sprang mir entgegen. Dank meiner schnellen Reaktion, hatte er nur knapp mein Kinn verfehlt.

Vorsichtig nahm ich die weiche, glänzende, klebrige Hefemasse heraus, legte sie aufs Backblech und suchte vergebens nach dem Eingang der Rolle, um sie abzurollen. Was nun? Ein Nudelholz sollte man, wie ich gelesen hatte, nicht benutzen, sondern nur an dem Teil ziehen. So drückte ich die Rolle Teig mit den Händen platt und zog sie in alle Himmelsrichtungen, rechts, links, oben, unten. Der Teig wurde lang und länger, nur quer ging nichts, da blieb er bei einer Breite von ca. zwölf Zentimetern und schnellte immer wieder, wie ein Gummiband, zurück. Wie der Fahrrad-Schlauch eines Reifens; lang ja, breit begrenzt. Ein Bodybuilder hätte es geschafft, vielleicht wäre er gerissen, keine Ahnung. Ich schwitzte schon.

Mittlerweile hatte der Teig eine Länge von knapp einem Meter und erinnerte mich wegen der Breite an meinen wollweißen, weichen Schal. Ein weiterer Versuch, den Teig auf die Hälfte zusammen zu klappen und mit dem Nudelholz zu plätten, misslang.

Mein Adrenalin-Spiegel stieg und verpasste mir den sogenannten Galgenhumor-Kick. Ich legte das weiche, wollweiße Etwas um meinen Hals und präsentierte es meiner Familie als neueste Kreation: Pizza-Schal à la Mama.

Am gleichen Tag zog ich los und kaufte einen neuen Pizza-Teig, wie gewohnt von der mir schon bekannten Firma, beim Discounter in unserem Dorf. Hat geklappt. Alle waren zufrieden mit meiner Pizza à la Mama.

Den bewussten Pizza-Klumpen legte ich erst einmal in den Eisschrank. Den Grund wusste ich nicht, vielleicht aber als ein Beweis dafür, dass der Schal tatsächlich existierte. Als ich den Knubbel herausnahm war er so hart, dass ich ihn als Türstopper hätte verwenden können. Ich habe ihn entsorgt.

Bis heute frage ich mich, wieso dieser angebliche Hefeteig nur in eine Richtung ging. Spielt hier vielleicht „Kette und Schuss“ wie in einer Weberei eine Rolle?

Zweifel an meiner fünfzigjährigen Backfähigkeit kamen bei der Aktion nicht auf. Kein Wunder, bei Fertigprodukten. Sollte ich meinen Pizza-Frischteig in Zukunft in der Weberei kaufen? Ich kann mir ein Schmunzeln nicht verkneifen.

Kindermund

Unsere süße Tochter Belinda-Lee war eine Sprachmaschine. Als sie zu sprechen begann, wurden aus einem Wort auf einmal ganz viele.

7. November 1967, 1 ¾ Jahre alt

Ihre neueste Masche ist, dass sie mich nicht mehr Mama sondern Helga nennt. „Guck mal da, Helga!“, sagt sie oft. Fühlt sie sich bedroht, sagt sie: „Tutte nix!“

13. Februar 1968

Sie will nicht hören, da sagte ich: „Hörst du den Schornsteinfeger?“

„Nee, das ist Tante Peters, die klopft den Teppich!“, widersprach sie mir.

16. Februar 1968, 2 Jahre alt

Wir saßen beim Frühstück, als Belinda sagte: „Gib Käse, ich wein gleich." Etwas später erwischte ich sie dabei, wie sie Unsinn machte.

„Belinda, was machst du da?", fragte ich sie.

„Nix, Belinda stellt nix an!", große Augen sahen unschuldig zu mir auf.

5. April 1968, 2 ½ Jahre alt

Sie will beim Spülen helfen, ich sehe mein Geschirr schon in Scherben.

„Bleib da weg", forderte ich sie sicherheitshalber auf.

„Das darf doch nicht wahr sein", entgegnete sie darauf.

2. Mai 1968, 2 ½ Jahre alt

Belinda nahm meine Tasche, Eimerchen und Schüppchen und sagte: „Tschüss, bis Donnerstag."

8. Mai 1968, 2 ½ Jahre alt

Belinda verdrehte heute die Worte: Eine Laufmasche ist eine Laufmaschine, ein Bügeleisen ist eine Bügeleisenbahn.

9. Mai 1968, 2 ½ Jahre alt

Ich wollte Belinda einen Pullover überziehen. Darauf sagte sie: „Wenn der zu eng ist, kriegste eine geknallt."

25. Mai 1968, 2 ½ Jahre alt

Sie bekam ein Probefläschchen Parfüm von der Nachbarin geschenkt und rieb sich damit ein. „Nicht so viel", sagte ich.

„Nee, nur noch den Bart."

Zur Oma Maria sagte sie neulich: „Oma, ich bin viel schöner als du, du bist so alt. Guck mal, ich hab' auch viel schönere Zähne."

24.08.1969, 3 ½ Jahre alt

Zu Besuch bei Tante Trautchen und Onkel August.

„Mama ist Tante Trautchen schon alt?

„Ja!"

„Und Onkel August? Ist der neu?"

2. September 1969

Oma Frieda sagte zu Belinda: „Du hast aber einen Dreck in deiner Ecke!"

„Den Dreck brauch' ich zum Spielen „Omma", entgegnete sie, als sei das selbstverständlich.

6. März 1970, 4 Jahre alt

Mit Belinda zum Wintersport im Sauerland (Wilde Wiese). Ein Doppelzimmer plus Schlafcouch. Freddy überließ uns das Bett. Leise flüsterte Belinda: „Mama, wir sind doch Frauen und Papa ist ein Mann und Frauen müssen immer zusammenhalten, nee, Mama!"

20. Mai 1970, 4 Jahre alt

Tante Irmgard kam mit Töchterchen Angelika (8 Jahre) zu Besuch.

Angelika fragte: „Belinda, was möchtest du später einmal werden?"

„Fünf"

„Wie alt bist du jetzt?"

„Halb fünf!"

1. Juni 1970

Belinda lag noch im Bett und schmuste mit Papa. Ich deckte den Frühstückstisch und sagte: „Mit mir schmust du gar nicht."
Belinda erwiderte: „Du bist doch in der Küche und ich hab' doch nicht so lange Arme."

3. September 1970, 4 ½ Jahre alt
Ich brachte die Kleine ins Bett. Sie fragte mich: „Mama, stirbt der Papa eher als ich?"
„Ja"
„Und du, Mama?"
„Ich auch"
Da fing sie an zu weinen und sagte: „Mama, dann bin ich ja ganz alleine."
„Du hast doch noch den Erich!", erinnerte ich sie an den Sohn meines Bruders, der nur drei Jahre älter war als sie.

16. November 1970
Eine Frau aus dem Kindergarten fragte Belinda: „Bist du katholisch oder evangelisch?"
„Nein, deutsch!"

9. Juli 1971, 5 Jahre alt
Als ich Belinda heute vom Kindergarten abholte, sagte sie zu mir: „Mama, im Kindergarten haben wir vor 8 Jahren gekegelt."
Zuhause angekommen, machte Belinda mit einem Scheuermittel einen Fleck von ihrer Puppe weg, dieser ging aber nicht ab, da sagte sie: „Mama, das ist vielleicht ein Muttermal, wie du eins auf dem Arm hast."

20. Januar 1972, wird am 7. Februar 72 schon 6 Jahre alt

Bei der letzten Hitparade fragte ich Belinda: „Möchtest du auch einmal Sängerin oder Tänzerin werden?“
„Nein, lieber eine Frau mit so langen Beinen.“

19. Mai 1973
Belinda brachte mir von der Schule einen selbstgepflückten Gänseblümchen-Strauß von einer Wiese mit. „Mama, es sind genau 460 Stück!“

Hier enden meine Aufzeichnungen über Belinda-Lee. Aber auch unsere Enkelkinder Leslie (heute 21) und Adrian brachten uns oft zum Lachen. Unser Enkel Adrian (heute 16 Jahre alt) war genauso süß, nur war er schweigsamer. Beide sind ein Geschenk des Himmels. Das hören wir auch immer von unserem Schwiegersohn Armin und Tochter Belinda-Lee. Wir können nicht dankbar genug sein.

****